MIX
Papier aus verantwortungsvollen Quellen
Paper from responsible sources
FSC® C105338
FSC
www.fsc.org

Imed Abdelwahed

Redekünstler – Schweigekünstler

Zur Darstellung des Schweigens in Thomas Bernhards Roman "Verstörung"

Diplomica Verlag GmbH

Abdelwahed, Imed: Redekünstler – Schweigekünstler: Zur Darstellung des Schweigens in Thomas Bernhards Roman "Verstörung". Hamburg, Diplomica Verlag GmbH 2013

Buch-ISBN: 978-3-8428-8421-2
PDF-eBook-ISBN: 978-3-8428-3421-7
Druck/Herstellung: Diplomica® Verlag GmbH, Hamburg, 2013

Bibliografische Information der Deutschen Nationalbibliothek:
Die Deutsche Nationalbibliothek verzeichnet diese Publikation in der Deutschen Nationalbibliografie; detaillierte bibliografische Daten sind im Internet über http://dnb.d-nb.de abrufbar.

Hermannstal 119k, 22119 Hamburg
http://www.diplomica-verlag.de, Hamburg 2013
Printed in Germany

S. gewidmet

INHALT

Ich machte oft den Versuch, mich der Wahrheit, dieser Vorstellung der Wahrheit, zu nähern, und sei es nur durch Schweigen. Durch nichts. Es mißlang mir. Ich kam nicht über diese Versuche hinaus.

THOMAS BERNHARD, *Frost*

EINLEITUNG

> Wir haben die Sprache, um stumm zu werden. Wer schweigt, ist nicht stumm. Wer schweigt, hat nicht einmal eine Ahnung, wer er nicht ist.
>
> MAX FRISCH, *Stiller*

Thomas Bernhard ist einer der bedeutendsten Autoren der österreichischen Literatur nach dem Zweiten Weltkrieg. Er kennzeichnet sich durch eine besondere Erzählform, die dazu neigt, Spuren jeder Glaubwürdigkeit des Erzählten zu verwischen. In seinen Prosawerken handelt es sich meistens um einen Ich-Erzähler, der einen Bericht über eine Person, meistens die Hauptfigur des Werkes, schreibt.[1]

„Ich bin ein Geschichtenzerstörer", sagt Thomas Bernhard in dem Interview *Drei Tage*, „Ich bin der typische Geschichtenzerstörer. In meiner Arbeit, wenn sich irgendwo Anzeichen einer Geschichte bilden, oder wenn ich nur in der Ferne irgendwo hinter einem Prosahügel die Andeutung einer Geschichte auftauchen sehe, schieβe ich sie ab."[2] Dieser radikale Hang, Geschichten[3] zu zerstören, deutet unmittelbar auf jenen Bruch mit dem Diskursiven der Sprache[4] und mit dem traditionellen Erzählen und all seinen Formen hin. Der moderne Erzähler ist gegen die vertraute Glaubwürdigkeit einer geschlossenen Fiktion als Erzählzusammenhang. Erzählerisch werden die klassischen Elemente eines epischen Werkes, wie zum Beispiel Handlung und Fabel, Personen und

---

[1] Als Ich-Erzähler in *Frost* fungiert z. B. ein junger Medizinstudent, der von einem Assistenarzt mit der Aufgabe beauftragt wird, dessen Bruder, den Maler Strauch zu beobachten. Seine Famulatur in Form von tagebuchartigen Aufzeichnungen bildet den Inhalt von *Frost* . Der Erzähler im Roman *Das Kalkwerk* trägt einen Bericht vor, in dem er einander widersprechende Berichte und Beschreibungen vom Hörensagen der Leute, die die Hintergründe der Konradschen Bluttat zu erkennen meinen, wiedergibt.

[2] Thomas Bernhard: *Drei Tage*, in : *Der Italiener*, F.a.M. 1989, S. 83 f.

[3] Vgl. diesbezüglich Alfred Pfabigans Definition von „Geschichte" in seinem Aufsatz: Thomas Bernhard – Ein „Geschichtenzerstörer" als Dramatiker. Er schreibt: „Ein Text, der einen ‚Anfang' hat, aus dem sich eine oder mehrere Handlungen ‚entwickeln', die nicht glaubhaft sein müssen, aber eine wie immer geartete innere Kohärenz haben, die dann zu einem ‚Ende' führt, verdient wohl das Etikett ‚Geschichte'. Die Abfolge von Geburt, Leben und Tod, von Idee, Durchführung oder Scheitern, von Verbrechen und Strafe – das sind ebenso elementare, sozusagen ‚klassische' Bestandteile von ‚Geschichten', wie die Begegnung zweier Menschen, das Entstehen von Liebe und die Trennung oder Verheiratung". In: Austriaca n° 53, 2002, S. 20.

[4] Vgl. hierzu die Ausführungen von Sahbi Thabet in seinem Beitrag: Wider den Zusammenhang. Zur Beschreibung des Zerfalls bei Thomas Bernhard. In: Text und Kontext, München 1994, S. 113f.

Erzähler, abgebaut. Das Heldentum hat sich, angesichts der vom Menschen verursachten, gleichzeitig erlebten Katastrophe, als Lüge erwiesen. Die Zerstörung der „Geschichte“ als bewusster Akt der Befreiung von den beengenden Grenzen und Regeln des klassischen Erzählens geschieht bei Bernhard paradoxerweise auch durch die Verwendung der „Geschichte“[5], die erzähltechnisch, als Methode der Präsentation von Geschichten[6], zerstört wird. Dies ist Bernhard gelungen durch seine Konzentration auf Figuren, die monologartig ihre „Geschichte“ aufrollen. Dabei verfolgen sie die Logik des Wahnsinns, wobei alles seinen herkömmlichen Sinn verliert. Beim Monologisieren zielen sie nicht auf ein gewisses Verständnis des Zuhörers hin, der nicht als Kommunikationspartner betrachtet wird. Aus der Überzeugung, dass es unmöglich ist, sich dem Anderen verständlich zu machen, führen sie in ihrer Einsamkeit und völligen Isolation Gespräche mit sich selbst. An diesen Figuren erkennt man, durch ihre Stellung im Erzählwerk als Hauptfiguren und durch ihr Auftreten als unaufhörlich mit sich selbst sprechende, eine thematische Akzentsetzung, die die Selbstbezeichnung Bernhards als „Geschichtenzerstörer“ bestätigt. Denn, trotz ihrer hohen Geistigkeit und Reflexionsfähigkeit, erlauben diese Figuren dem Leser bzw. Zuhörer kein zusammenhängendes Entstehen von „Geschichte“. Sein Verfahren beschreibend, sagt Bernhard: „Ist eine bestimmte Stufe erreicht, nach vier, fünf Stockwerken – man baut das auf – durchschaut man das Ganze und haut alles wie ein Kind wieder zusammen.“[7] Und an einer weiteren Stelle heiβt es: „Es darf nichts Ganzes geben, man muβ es zerhauen. Etwas Gelungenes, Schönes wird immer mehr verdächtig.“[8]

Die immer wieder neu auftauchenden Problemkomplexe in seiner Prosa – Krankheit, Selbstmord, Tod, Brutalität, Schwachsinn, Wahnsinn, Verrücktheit usw. – und ihre stete Wiederholung widerspiegeln ein Moment der tiefen Unzufriedenheit über eine gedachte, aber nie zu Ende geführte Behandlung eines Komplexes.[9] Der literarische Schaffens-

---

[5] *Frost*, *Amras* und *Verstörung* sind von auβen betrachtet Geschichten mit einem Anfang und einem einer inneren Konsequenz folgenden Ende.

[6] Vgl. diesbezüglich Alfred Pfabigans vertretene Meinung des vorsichtigen Umgangs mit der Selbstbezeichnung Bernhards als „Geschichtenzerstörer“. Pfabigan, (zit. Anm. 3), S. 21.

[7] Bernhard, (zit. Anm. 2), S. 80.

[8] Ebd. S. 87.

[9] Vgl. Oliver Jahraus: Die Wiederholung als werkkonstitutives Prinzip im Œuvre Thomas Bernhards, F.a.M. 1991, S. 81 – 94.

prozess Bernhards wird zu einer privaten Auseinandersetzung, Kommunikation mit dem „Unaussprechlichen", von dem Max Frisch redet: „Schreiben ist nicht Kommunikation mit Lesern, auch nicht Kommunikation mit sich selbst, sondern Kommunikation mit dem Unaussprechlichen. Je genauer man sich auszusprechen vermöchte, um so reiner erschiene das Unaussprechliche, das heißt die Wirklichkeit, die den Schreiber bedrängt und bewegt."[10] Insofern unterliegt das Schreiben bei Bernhard den Gesetzen des Subjektiven und wird als geistiger Bewältigungsversuch des Lebens angedeutet. Als Mittel der zwischenmenschlichen Kommunikation ist die Sprache für Bernhard nicht mehr fähig, ihre ursprüngliche Rolle zu spielen. In seinen Prosawerken treten Figuren auf, die am Rande der Selbstvernichtung stehen und in der Sprache eine mögliche Rettung zu finden hoffen. Es sind Menschen, die eine geistige Existenz führen und eine unüberbrückbare Kluft zwischen ihrer Welt und der Welt der menschlichen Gesellschaft erkennen. Zurückgezogen in abgelegenen Orten, führen sie in Gesprächen mit sich selbst ihre Existenz weiter, wobei sie ihren nah tretenden Tod spüren. Ihre monologische Haltung entleert die Sprache von ihrer herkömmlichen Funktion und verwandelt sie in ein Mittel der Selbst-Erhaltung bzw. -Vernichtung. Das totale Schweigen, in dem sie leben – Einsamkeit, Beziehungsunfähigkeit, Kommunikationslosigkeit, Obsession von der Omnipräsenz des Todes – und der Zustand der Hoffnungslosigkeit bzw. der totalen Langeweile sind Themen ihrer Selbstgespräche.

Unter einer großen Qual leiden andere Protagonisten, denen es nicht gelingt, eine Studie, die im Kopf fertig ist, auf das Papier zu ‚kippen'. Bei den meisten Figuren handelt es sich um das Lebenswerk, über das sie Jahre lang nachgedacht haben. Ihre andauernde Suche nach Perfektion führt im Endeffekt zur Selbstvernichtung bzw. zu ihrem totalen Schweigen.

Die thematische Reduktion auf Krankheit, Irritation, Wahnsinn und Tod und der immer neu unternommene Versuch, deren Wesen zu verstehen durch ihr facettenartiges Zerreden, zeugen von einem literarischen Verfahren, das sich vom Einzelwerk auf das ganze Oeuvre Bernhards ausdehnt. Neben dieser thematischen Reduktion zeigt auch die

---

[10] Max Frisch: *Stiller*, F.a.M. 1973, S. 330 f.

zunehmende Konzentration auf die Monologform eine sprachliche Reduktion. Dies ist auch besonders zu bemerken im Übergang Bernhards vom prosaischen zum theatralischen Schaffen.[11]

Aus der Sicht der Sprachphilosophie Wittgensteins[12] kann ein Satz nur sagen, „wie ein Ding ist, nicht was es ist“[13]. Was für die Sprache unmöglich ist, soll ausgelassen werden. Nach ihm markiert die Sprache die Grenze des Erfahrbaren. Bernhard nimmt diese Sichtweise in Kauf, indem er die ‚Dinge' nicht nur beschreibt, sondern einen Schritt weiter geht und ihr Wesen zu bestimmen versucht. Er lehnt es ab, die Welt auf begrifflich Fassbares zu reduzieren. Ihm geht es dabei um die *Paraphrasierung* eines Zersetzungsprozesses, infolge der verloren gegangenen Harmonie von Ich und Wirklichkeit. Die entfremdete Sprache pervertiert die eigentliche Intention der Sprache, nämlich Stiftung von Sinn und Kommunikation und verwandelt sich in ein Instrument zur Verhinderung jeglicher Entstehung von sinnbildenden Strukturen und kommunikativen Prozessen. Die angebliche Umkehrung von Wittgensteins wohl berühmtem Schlusssatz seines Buches *Tractatus logico-philosophicus*: „Wovon man nicht sprechen kann, darüber muβ man schweigen“[14] – und das soll heiβen: Wovon man nicht sprechen kann, darüber muss man trotzdem sprechen[15] – mündet erneut ins Schweigen, das auf das

---

[11] Im Interview „*Drei Tage*“ behauptet Bernhard, dass er die Grenzen zwischen Prosa und Schauspiel aufgehoben hat: „In meinen Büchern ist alles *künstlich*, das heiβt alle Figuren, Ereignisse, Vorkommnisse spielen sich auf einer Bühne ab und der *Bühnenraum* ist total finster.“ An einer weiteren Stelle sagt er: „Man soll sich vorstellen, man ist *im Theater*, man macht mit der ersten Seite *einen Vorhang* auf, der Titel erscheint, totale Finsternis – langsam kommen aus dem Hintergrund, aus der Finsternis heraus, Wörter, die langsam zu *Vorgängen äuβerer* und *innerer* Natur [...] werden.“ Bernhard, (zit. Anm. 2), S. 82f.

[12] In den „Philosophischen Untersuchungen“ behauptet Wittgenstein, dass die Bedeutung eines Wortes sich aus dem Gebrauch der Sprache ergibt. Nach seinem Verständnis ist die Sprache ein Werkzeugkasten. Die Frage „Was ist eigentlich ein Wort?“ ist nach ihm analog der „Was ist eine Schachfigur?“. Seine Ansätze und Gedanken über die Philosophie und Sprachwissenschaft haben vor allem die österreichische Dichtung der Gegenwart beeinflusst. Ernst von Aster schreibt: „Nach Wittgenstein[...] können sinnvolle Fragen nur dann gestellt werden, wenn man sie in Form von Tatsachen beantworten kann. Lebenspraktische Fragen oder die Frage nach dem Sinn des Lebens gehören nicht zu diesem allein zugelassenen Fragetypus ‚Was ist der Fall?'. Sie mögen am wichtigsten für uns sein, sind aber irrational.“ In: Ernst von Aster: Geschichte der Philosophie, Stuttgart 1980, S. 449.

[13] Ludwig Wittgenstein: Philosophische Untersuchungen, in : Tractatus logico-philosophicus, F.a.M. 1995, S. 298.

[14] Ebd.

[15] Vgl. hierzu die Ausführungen von Thabet, (zit. Anm. 4), S. 116.

Besondere der Poetik Bernhards aufweist. Es manifestiert sich mittels eines Kunstverständnisses, das die Aufgabe der Kunst darin sieht, ein Nicht-Können darzustellen.[16]

Lexikalisch bedeutet das Wort ‚schweigen': „Nichts sagen, still sein; aufhören (von Geräuschen)"[17]. Philosophisch hat Heidegger in *Sein und Zeit* das Schweigen zu einem wesentlichen Bestandteil „echter Rede" erklärt, indem er dem „redenden Sprechen" „Hören und Schweigen" als „Möglichkeiten" zustellt. Reden und Schweigen sind nach ihm unterschiedliche „Da-seins" – Formen der Sprache. Das lässt sich aus seiner Bedeutungstheorie verstehen: „Den Bedeutungen wachsen Worte zu. Nicht aber werden Wörterdinge mit Bedeutungen versehen."[18] Ihm nach, konstituiert sich die Bedeutung nicht im und durch das Sprechen. Sie ist eher dem Sprechen vorgeschaltet. Diese Annahme lässt das Schweigen nicht als Verstummen, sondern eher als Rückkehr zu den ‚eigentlichen' Bedeutungen erscheinen.

Walter Eschenbach definiert das Schweigen folgendermaßen: „Schweigen muβ [...] stets in einer Spannung zur Sprache gesehen werden; es kann ein sprachliches Unvermögen oder das noch nicht zur Sprache gekommene Bewusstsein ebenso verkörpern wie ein post-verbales, willentliches Verstummen, das auf eine erhöhte Reflexions- und Bewuβtseinsstufe schlieβen lässt."[19]

---

[16] In einem Abschnitt der „ Ästhetischen Theorie", die mit dem Stichwort „Wahrheit als Schein des Scheinlosen" überschrieben ist, schreibt Adorno: „Die Metaphysik von Kunst heute ordnet sich um die Frage, wie ein Geistiges, das gemacht, nach der Sprache der Philosophie ‚bloβ gesetzt' ist, wahr sein könne…" und etwas weiter heiβt es : „[…] Alles Machen der Kunst ist eine einzige Anstrengung zu sagen, was nicht das Gemachte selbst wäre und was sie nicht weiβ: eben das ist ihr Geist." In: Th. W. Adorno: Ästhetische Theorie, F.a.M. 1972, S. 198.

[17] Gerhard Wahrig: Deutsches Wörterbuch, München 1992, S. 1155.

[18] Vgl.: „ §34. Da-sein und Rede. Die Sprache". In: Martin Heidegger: Sein und Zeit, Tübingen 2001, S. 160 – 166.

[19] Walter Eschenbach: Überwindung der Sprachkrise. Internettext unter der Adresse: www.mauthner-gesellschaft.de

Otto Lorenz gelangt zum Ergebnis, dass das Schweigen als literarisches Motiv „nichts anderes wäre als ein Nullsignifikant mit einem fakultativ unbeschränkten Bedeutungsbereich.“[20]

Es gilt hier nicht die verschiedenen Darstellungs- und Erscheinungsformen des Schweigens in der Literatur aufzulisten. Auf die Tradition des Schweigens innerhalb der Literatur können wir selbstverständlich nicht näher eingehen. Aber eines wäre noch zu betonen: In den meisten literaturwissenschaftlichen Aufsätzen und Monographien taucht das Schweigen als Konsequenz von Sprachskepsis und als Signal des Unsagbaren auf.[21]

In der vorliegenden Studie werde ich den Versuch unternehmen, Spuren des dargestellten Schweigens in dem 1967 erschienenen Roman *Verstörung*[22] von Thomas Bernhard, dem ein Motto Blaise Pascals voransteht: „Das ewige Schweigen dieser unendlichen Räume macht mich schaudern“[23], zu verfolgen. Dabei geht es darum, die verschiedenen Erscheinungsformen des Schweigens, entweder als thematisiertes und im Werk ausdrücklich angezeigtes Schweigen, oder als stillschweigend praktiziertes literarisches Phänomen aufzuzeigen. Daher gilt es, das Schweigen in Verbindung mit anderen Motiven und Sachverhalten, wie zum Beispiel: der Sprache, der Einsamkeit, der Familie, dem Besitz, der Krankheit, der Natur, dem Tod usw., zu erforschen und im Hinblick auf die im Werk dargestellte monologische Grundhaltung zu untersuchen.

---

[20] In diesem Zusammenhang sagt Otto Lorenz: „Man hielt den Versuch, einen kategorialen Rahmen für die Phänomenbeschreibung zu erstellen, für so wenig aussichtsreich, daβ man sich mit fragmenthaften Resümees begnügte.“ In: Otto Lorenz: Schweigen in der Dichtung: Hölderlin – Rilke – Celan: Studien zur Poetik deikt.-ellipt. Schreibweisen, Göttingen 1989, S. 23 f.

[21]Vgl. Hierzu Christian L. Hart Nibbrigs einleitende Bemerkungen: Rhetorik des Schweigens. Versuch über den Schatten literarischer Rede, F.a.M. 1981, S. 11 – 50.

[22] Der Erzähler in diesem Roman ist ein einundzwanzigjähriger Montanistikstudent und Sohn eines steiermärkischen Landarztes. In einem langen Brief an den Vater, versucht der Sohn, die „unguten Verhältnisse“(V, 20) innerhalb der Familie zur Sprache zu bringen. An einem Wochenende kehrt er nach Hause zurück, mit dem Ziel, die Antwort des Vaters zu hören. Aber der zu diesem Zweck geplante gemeinsame Spaziergang wird durch die Nachricht eines Totschlags abgebrochen. Man fordert den Vater auf, das Opfer zu untersuchen. An dieser vierundzwanzig Stunden dauernden Konsultationsfahrt nimmt der Sohn teil. Sechs verschiedene Krankenstationen in einem „verhältnismäβig groβen und auβerdem schwierigen Gebiet“ (V, 7) mit einer „kranken, zu Gewalttätigkeit sowie zum Irrsinn neigenden Bevölkerung“ (V, 8 f.) werden aufgesucht. Die berichteten Erlebnisse, Beobachtungen und Reflexionen des Studenten bilden den Inhalt des Romans, der in zwei Teile gegliedert ist. Der Hauptteil – mit dem Titel „Der Fürst“ – ist eine direkte bzw. indirekte Wiedergabe der Rede eines monologisierenden Fürsten namens Saurau.

[23] Blaise Pascal : Pensées n° 2006, Le Livre de Poche n° 823, Paris VI 1972, S. 105.

1. MITTEILUNGSLOSIGKEIT

1.1 Familienverhältnisse

1.1.1 Unüberbrückbares Schweigen

> „Das Auffallendste an mir sei meine Mitteilungslosigkeit, die eine ganz und gar andere Mitteilungslosigkeit sei als die meiner Schwester. Mein Schweigen sei dem meiner Schwester *entgegengesetzt*. Und das Schweigen, die Mitteilungslosigkeit meines Vaters ist wieder eine ganz andere" (V, 69). [24]

Hiermit charakterisiert der Berichterstatter in *Verstörung* das Familienleben, das von einem tödlichen Schweigen überschattet wird. Als Mitteilungslosigkeit wird dieses Schweigen näher umrissen, wobei hier verschiedene Auffassungen von Mitteilungslosigkeit festgestellt werden.

Diese fast am Ende des ersten Teils des Romans stehenden Sätze bilden an sich eine Zusammenballung einer schon ganz disparat umschriebenen Problematik der Familienverhältnisse. Die Zusammensetzung der einzelnen Bemerkungen, Analysen, Urteile, Beschreibungen, Beobachtungen und die Beschaffenheit der einzelnen Personen ermöglichen uns, einen Gesamtüberblick über diese Familie zu gewinnen und an mögliche Ursachen dieser unterschiedlich verstandenen Mitteilungslosigkeit heranzukommen.

Der Vater, „der einzige Arzt in einem verhältnismäßig großen und außerdem schwierigen Gebiet", ist einer verstörten Welt der Krankheit und des Verbrechens ausgeliefert.

---

[24] Hervorhebung im Originaltext.
Siglen für Thomas Bernhards Primärtexte:
A: *Auslöschung. Ein Zerfall,* F.a.M. 1986.
Am: *Alte Meister*, F.a.M. 1988, (st. 1553).
B: *Beton*, F.a.M. 1988, (st. 1488).
Bi: *Die Billigesser*, F.a.M. 1980, (es. 1006).
F: *Frost*, F.a.M. 1972, (st. 47).
G: *Gehen*, in: *Die Erzählungen*, F.a.M. 1979.
Ho: *Holzfällen. Eine Erregung*, F.a.M. 1988, (st. 1523).
idH: *In der Höhe.Rettungsversuch, Unsinn*, F.a.M. 1989, (BS 1058).
Ja: *Ja*, in: *Die Erzählungen*, F.a.M. 1979.
K: *Das Kalkwerk*, F.a.M. 1970, (st. 128).
Ko : *Korrektur,* F.a.M. 1988.
M: *Die Macht der Gewohnheit*, in : *Die Salzburger Stücke*, F.a.M. 1975, (st. 257).
P: *Prosa*, F.a.M. 1967, (es. 213).
V: *Verstörung* , F.a.M. 1985, (BS 229).
W: *Watten* F.a.M. 1969, (es. 353).

„Opfer einer durch und durch, zur Gewalttätigkeit sowie zum Irrsinn neigenden Bevölkerung […]" (V, 7), treibt er „Ursachenforschung" bei „[…] dem Studium des Seelischen der Menschen […]" (V, 53).[25]

Als Geistesmensch erscheint er am deutlichsten in seiner einzigen Freundschaft mit einem Patienten, der Bloch heißt. Diese Freundschaft, die „ihr Philosophisches in sich hat" (V, 22), ermöglicht dem Vater eine kritische Auseinandersetzung mit der Welt, wobei hier „Autopsien an dem Körper der Natur und an dem Körper der Welt und ihrer Geschichte"(V, 23) vorgenommen werden.[26]

Zuflucht findet der Vater manchmal in Selbstmordgedanken, die ihm als *„lebensnotwendig*" (V, 42)[27] erscheinen und in denen er sich ausruhen kann.

Völlig abgeschlossen in sich selbst mit der Überzeugung, dass es unmöglich ist, sich verständlich zu machen, sieht der Sohn, „wie allein" sein Vater ist und „wie spärlich" er sich ihm und seiner Schwester eröffnet. „Er ist fast nie zu Hause", fügt der Sohn hinzu, „meine Schwester ist immer allein und er ist auch immer allein" (V, 27).

Dieses Alleinsein des Vaters verschärft sich nun, wenn man an den frühen Tod seiner Frau, den er „nicht begriffen" (V, 36) hat, denkt.

An einer Stelle des Romans schildert der Vater ganz ausführlich seine Beziehung zu seiner Tochter und zu seinem Sohn und versucht, auf die Spuren der gebrochenen Kommunikation innerhalb seiner Familie zu kommen.

„Mit mir sei alles einfacher sagte mein Vater, mit ihr alles schwierig. Wir leben so lange zusammen und kennen uns nicht" (V, 38), sagt der Sohn.

Seine „Hilflosigkeit" zeigt sich an seiner Tochter, die eine „apathische Lebensweise" führt, „mehr und mehr" von ihrem Vater und ihrem Bruder „abgeschlossen" (V, 37), an

---

[25] Rücksichtslos gegenüber seinen Kollegen kritisiert er ihr „monotones Doktorenschicksal" (V, 25). Sie seien für ihn keine Wissenschaftler mehr, sondern Geschäftsführer und „gutangezogene Reisende", die von ihren Frauen und Kindern, von ihrem „Häuserbauen" und „Automobilbesessenheit" vernichtet und als Pseudo-Wissenschaftler und „Medikamente verschreibende Heuchler" (V, 53) angeprangert werden.

[26] Sein Interesse für das Philosophische ist auch eindeutig an den Büchern zu erkennen, die er sich bei Bloch ausleiht. Da ist die Rede von Kants *Prolegomena*, der Marxschen *Dissertation*, den Vorlesungen Nietzsches *über die Zukunft unserer Bildungsanstalten*, den *Gedanken* des Pascal und Diderots *Mystifikation*. Für die „Schöne Literatur" empfindet er kein „echtes Bedürfnis" (V, 26).

[27] Hervorhebung im Originaltext.

Schlaflosigkeit leidet, keine Freundin hat und „mitten in der Nacht aus dem Haus“ geht und „in der Ortschaft“ (V, 38) umherirrt.
Dem Vater ist es nicht gelungen, „ihre grauenhafte Stimmung“ (V, 38) zu ändern. „Ihre Abneigung gegen alles Ärztliche sei die gröβte“. Versuche des Vaters an sie näher zu kommen scheitern: „Ruft er sie an, erschrickt sie und geht wortlos in ihr Zimmer“ (V, 56). Völlig verfallen in „Selbstmord*gedanken* und Selbstmord*versuchen*“ (V, 42), bildet sie für ihn eine „ununterbrochene Angst“ (V, 37).
„Um mich habe er [der Vater] keine Angst, nur um meine Schwester“, berichtet der Sohn. Der Vater freut sich über das Interesse seines Sohns für die Naturwissenschaft und erwartet von ihm, dass er „nach bestem Gewissen handelt und seine Hoffnungen“ erfüllt. Angesichts seiner „Schweigsamkeit“, die „eine verstandesmäßige sei“ (V, 36), empfindet der Vater Unruhe.
Die kurze Zeit, die der Sohn zu Hause verbringt, „ein knappes Wochenende“, ermöglicht dem Vater, kein Gespräch mit ihm zu führen: „wir kämen nie dazu, uns *auszusprechen*“ (V, 55).[28]

Dem Sohn ist es schwer, sich den Vater „zusammenzusetzen [...], *wie er ist.*“[29] Dementsprechend schlieβt er sich vom Vater völlig ab und vermittelt ihm „mit voller Absicht ein falsches Bild“: „Ich sah keinen guten Zweck darin, ihm zu sagen, daβ mich doch vieles bedrückt, dass auch ich kein schwierigkeitenloser Mensch sei“ (V, 69). Mit seinen Schwierigkeiten selber fertig zu werden, habe er immer ein groβes Vergnügen gehabt, teilt er dem Vater mit.
Seine Versuche, durch „Briefe aus Leoben“ an seine Schwester näher zu kommen, scheitern. Dieser Riss innerhalb der Familie bildet den Inhalt eines Briefs, den er an den Vater geschrieben hat.

---

[28] Hervorhebungen im Originaltext.
[29] Hervorhebung im Originaltext.

1.1.1.1 Brief an den Vater

Ein paar Tage bevor der Sohn am Wochenende nach Hause zurückkehrt, hat er einen Brief, den er lange verzögert hat, dem Vater geschrieben. Vom Berichterstatter erfahren wir nicht den genauen Inhalt dieses Briefs. Wir wissen nur, dass es dabei um die „Beschreibung des unguten Verhältnisses zwischen uns dreien, zwischen ihm und mir und zwischen ihm und meiner Schwester und zwischen mir und meiner Schwester“ (V, 20) geht. Damit zielt er auf die Möglichkeit, „uns unser aller Zustand klarzumachen, unser aller Verhältnis zueinander zu verbessern“ (V, 22).
Ganz ausführlich berichtet er von den Schwierigkeiten, die er getroffen hat, als er diesen Brief schreiben wollte. Der Versuch, auf einmal zur Sprache zu bringen, was er Jahre lang gedacht hat „vereitelte“ sein „Vorhaben“ (V, 21). Er schildert seine Vorgehensweise beim Verfassen dieser „Untersuchung“ (V, 22), die aus seinen „in den letzten Jahren gemachten Beobachtungen“, die Familienverhältnisse betreffend, bestand. Dabei achtet er darauf, „niemanden zu verletzen“ (V, 21).
Er war auch darauf bedacht, mit groβer Genauigkeit und fast wissenschaftlicher Beweisführung, den Vater zu überzeugen und von ihm Antworten auf seine Fragen zu verlangen.
Wollte der Sohn durch diesen Brief die Familienverhältnisse gründlich untersuchen und auf einmal das auf den Tisch bringen, was Jahre lang verschwiegen wurde, so stellt er im Nachhinein die Sinnlosigkeit seines Unterfangens fest: „Meine in dem Brief gestellten Fragen wird mein Vater nie beantworten können“ (V, 21). Der Versuch des Sohns, durch eine reflektierte und bewusste Stellungnahme, auf die Spuren des seit Jahren empfundenen Schweigens innerhalb der Familie zu kommen, mit dem Ziel es zu überwinden, mündet in eine Antwortlosigkeit: „ich hatte ihm in dem Wahn geschrieben, darauf eine Antwort zu bekommen“ (V, 21). Zu diesem Urteil gelangt der Sohn nachdem er die kranke Welt seines Vaters näher kennen gelernt hat.

An einem Wochenende kehrt der Sohn nach Hause zurück mit der Gewissheit, dass sein Vater den Brief bekommen und gelesen hat.
Am frühen Morgen schlägt der Vater dem Sohn vor, einen „Spaziergang“ mit ihm zu machen, um ihm ein „Naturphänomen“ zu zeigen und ein Gespräch mit ihm zu führen:

„Bei dieser Gelegenheit wollte er endlich mit mir sprechen, wahrscheinlich, dachte ich, über etwas mit meinen Studien in Leoben[...] Zusammenhängendes".
Aber dieser geplante *Spaziergang* und dieses seit lange erwartete *Gespräch* finden nicht statt: „Als wir aber, angezogen, im Begriff waren, aus dem Haus zu gehen, läutete es, und vor der Tür stand ein mir Unbekannter, der [...] meinen Vater aufforderte, sofort mit ihm zu kommen" (V, 8). Dieser plötzliche Bruch bildet den Anfang einer Reise in die Krankheit.

Mit einer „kranken Welt" wollte der Vater nicht, dass seine Kinder in Berührung kommen. Aus Sorge, dass sie „durch das Anschauen eines Kranken und seiner Krankheit" für ihr ganzes Leben „geschädigt sein könne[n]" (V, 14), nimmt er sie auf seine Arztbesuche nicht mit. Der ihm unbegreiflich gebliebene frühere Tod seiner Frau, die er auf seine Krankenbesuche mitgenommen hat und der „naturgemäß nicht möglich gewesen" ist, „die Leiden und die Qual in der Welt zu *studieren*, aber sie *anzuschauen*"(V, 20)[30], versetzt ihn in einen Zustand tiefer Erschütterung.
Gegen die Gewohnheit nimmt der Arzt diesmal seinen Sohn auf seine Krankenbesuche mit. Damit beabsichtigt er, dass sein Sohn dabei die „Menschen" besser „kennenlernen" müsse. „Das sei unerlässlich für mich" (V, 35), schreibt der Sohn. An einer anderen Stelle heißt es: „‚Studienhalber' nehme er mich mit, sagte mein Vater, immer wieder sagte er ‚Studienhalber'" (V, 77).
Diese Reise in die Weltverstörung zeigt verschiedene Facetten der Krankheit. Alle betroffenen Menschen leiden unter einer körperlichen, geistigen, oder körperlich-geistigen Krankheit, wobei sie alle Opfer ihrer Umwelt sind.
Durch die vom Arzt erhoffte verstandesmäßige Berührung seines Sohns mit der Krankheit, mit dem Leiden und mit der Qual der Menschen bezweckt er ein besseres Verstehen seiner Person. Dieses plötzliche Hineingeworfensein des Sohns in einer verstörten Welt könnte man als einen bewussten und gewollten Akt des Vaters verstehen, sich indirekt verständlich zu machen.

---

[30] Hervorhebungen im Originaltext.

Der Montanistikstudent soll nach dieser Reise die tiefen Schichten der menschlichen Seele besser verstehen können. Diese Reise, als eine Beweisführung, bekommt dann einen belehrenden Charakter. Sie soll dem Sohn möglichst genau ein Bild verschaffen über die Welt des Vaters.

Sich verständlich machen geschieht also hier nicht sprachlich. Der Versuch, das Leiden und die Qual in Sprache zu übersetzen, ist zum Scheitern verurteilt. Diese Antwort des Vaters auf den Brief löst nicht das Problem des Schweigens, der Mitteilungslosigkeit in der Familie. Sucht der Sohn durch die im Brief gestellten Fragen nach Antworten, so antwortet der Vater mit Fragen anderer *Natur*: „[...] Wie deutlich sah ich jetzt, dass ich eine solche Antwort niemals bekommen kann“ (V, 21), sagt der Sohn an einer Stelle des Romans.

1.1.2 Beziehungslosigkeit

Als letzte Station dieser Reise in die Krankheit und in den Tod, erreichen der Arzt und sein Sohn das hochgelegene Hochgobernitz. Der Arzt behandelt hier den Herrn von Hochgobernitz, den Fürsten Saurau. Sie erreichen Hochgobernitz und finden den Fürsten – er leidet an Schlaflosigkeit – in einem Selbstgespräch auf den äußeren Burgmauern gehend. Alle treffen auf den inneren Burgmauern zusammen und somit fängt ein langer Monolog des Fürsten an.

An einer Textstelle erfahren wir durch den Berichterstatter eine kurze dichte Beschreibung des Fürsten und seiner Krankheit.

Der Fürst Saurau ist ein Geistesmensch, der sich in einem dauerhaften Zustand des Denkens befindet. Der Monolog an sich – zeitlich begrenzt – bestätigt diese Tatsache der hohen Geistigkeit.

Der Fürst stellt immer hohe Anforderungen an den Geist, „sich mehr und mehr seiner auf die höhere Exaltation und auf die höhere Spekulation konzentrierten Geistesmechanik (Vater) fügend“ und „‚folgerichtig in alle naturwissenschaftlichen Phänomene hinein' (Saurau)“, „‚wahrscheinlich aus der Tatsache heraus, bis an sein Lebensende in Hochgobernitz existieren zu müssen“, führt er mit der größten „Rücksichtslosigkeit

gegen sich selbst" unendliche „Diskussionen" mit sich selbst – „„masochistische Diskussionen' (Vater)" – in seinem „festverriegelten Zimmer" (V, 102).
Schwäche, Qual und Leiden hindern ihn nicht daran, weiter zu denken, ja sie sind sogar Impulse für möglich zu denkende Themen.
Andauernd hört er „Geräusche", die ihn in totale Verstörung versetzen und sein Leben und Denken vernichten. Angst vor diesen Geräuschen, Schlaflosigkeit wegen dieser Geräusche weisen auf seinen nahenden Tod hin. Mitten in diesen Geräuschen zielt er unaufhörlich auf die „„Perfektion der Erschöpfungsmöglichkeiten'" (V, 103).
Diese kurze Beschreibung zeugt von einer Krise eines Geistesmenschen, der, angekettet an Hochgobernitz, Zuflucht in Gedanken findet.
Da Niemand in Hochgobernitz von diesen „„Geräuschen [...] Notiz'" (V, 116) nimmt, auch wenn der Fürst seiner Umgebung von seiner Qual darunter erzählt, fühlt er sich völlig isoliert, gezwungen mitten in diesen Geräuschen zu existieren, mit der Überzeugung der Sinnlosigkeit der Kommunikation mit den Familienmitgliedern bzw. der Umgebung. Dieser Bruch der Kommunikation deutet auf ein unüberbrückbares Schweigen hin, dessen unmittelbare Gründe wir an sein Verhältnis zu seiner Familie erforschen werden.

1.1.2.1 Die Familie: Eine Geistesamputation

Die Familie des Fürsten besteht aus seinen zwei Töchtern, zwei Schwestern und seinem abwesenden, in England studierenden Sohn. Seine Frau ist gestorben. Die Namen dieser Personen werden im Text nicht erwähnt.
Aus der Sichtweise des Fürsten erfahren wir manches über das Familienleben in Hochgobernitz. Mit groβer Rücksichtslosigkeit stellt er sein Verhältnis zu ihnen, ihr Verhältnis zu ihm bloβ. Dies ist nicht nur an einer Stelle des Monologs festzustellen und als ein an sich zu Ende gedachtes Thema zu bezeichnen. Das Familienverhältnis taucht disparat im ganzen Monolog immer wieder neu auf. Es wird jedes Mal aus einem anderen Blickwinkel zerredet, um im Endeffekt ein Urteil des Fürsten über seine Familie, einen einzigen Gedanken, zu paraphrasieren.
Die Familie bildet für den Fürsten einen Ausgangspunkt für seine Gedankenentwicklung über den Menschen, die Welt und den Ursprung. Die nah fassbare Realität wird

durch Spekulationen überwunden, um eine zweite abstrakte zu schaffen. Was für die Familie gilt, gilt auch für die Welt und umgekehrt. Das Hin und Her zwischen dem Konkreten und dem Abstrakten ist an sich ein inneres Gesetz des Fürstenmonologs.

Am Familienleben kritisiert der Fürst den Alltag, besonders die zur Tradition gewordene Einladung von Leuten aus der Stadt und der nahen Umgebung: „‚Mittwoch und Samstag herrscht hier auf der Gobernitz das menschliche Ungeziefer'". Dem Fürsten erscheinen diese Leute als „‚miserable Menschen'", „‚langweilig'" und „‚stumpfsinnig'". Er erkennt die Absurdität ihrer Gespräche: „‚Stundenlang werden da unsere Gräber aufgemacht, ihr Gestank herausgelassen, man öffnet die riesigen Familienfriedhöfe und zerredet ihre Ruhe'" (V, 132). Alles Menschenmögliche ist ihm verhasst. Er redet nur mit den „‚Saurauschen *Grundstücksmenschen*'", da er darin ein Muss sieht, sonst hat er „‚alles, was mit Menschenverkehr zusammenhängt, eingestellt'".[31]
Der Fürst, der das „Lächerliche" an seiner Familie konstatiert, reagiert nicht mit Taten, sondern mit Worten, die er nur mit sich selbst wechselt.
Der tiefere Riss ist nicht zu überwinden, da wir es hier mit verschiedenen Welten zu tun haben: „‚Wenn ich auch nicht allein bin, so bin ich doch ganz für mich. Während ich selbst mich mit der Zeit beinahe vollkommen von jeder Gesellschaft abgeschlossen habe, keine Besuche mehr empfange', sagte der Fürst, ‚gehen die Frauen immer mehr in einer geradezu bestialischen Gesellschaftsabsurdität auf'" (V, 131).
Als geistfeindlich charakterisiert der Fürst die weiblichen Personen seiner Familie und ordnet sie der Kategorie des Biologischen unter. Der Versuch des Fürsten mit den „Frauen"[32] zu kommunizieren scheitert mit der Gewissheit, dass es nie zu einer Kommunikation, im Sinne eines Gedankenaustauschs, kommen wird. Die Bezeichnung der

---

[31] Hervorhebung im Originaltext.
[32] Bezeichnung des Fürsten für seine Schwestern und Töchter.

Familie als „Geistesamputation“[33] bestätigt sich wieder an einer anderen Textstelle des Fürstenmonologs und hebt somit den Riss hervor.

Einmal wollte der Fürst aus den *Wahlverwandtschaften* von Goethe den „Frauen“ vorlesen. Aber nachdem er sie alle in der Bibliothek versammelt hat, „„hat er auf einmal das Gefühl gehabt, dass es sinnlos sei ihnen aus den *Wahlverwandtschaften* vorzulesen’“. Und so hat er ihnen etwas anderes vorgelesen, nämlich „„wie man in England Kartoffeln einwintert’“ (V, 144), sie von der Bibliothek vertrieben, und später für sich aus den *Wahlverwandtschaften* gelesen: „„Ungestört. Unbeschmutzt. Entweiblicht’“(V, 145).

Durch das Vorlesen aus den *Wahlverwandtschaften* zielt der Fürst angeblich auf einen geistigen Austausch mit seinen Schwestern und Töchtern. Aber das Zusammensein mit ihnen in einer Welt des Geistes scheint ihm plötzlich unmöglich zu sein. Die Lehre einer Wahlverwandtschaft, die gegenseitige Anziehung wesensverwandter Menschen, zeigt sich ihm am deutlichsten an seinem Verhältnis zu seinen Familienmitgliedern. Es gibt keine geistige Verwandtschaft mit ihnen, sondern nur eine biologische. Als Geistesmensch, sieht er in sie hinein. Als dem Biologischen verfallene Kreaturen, kommen sie für ihn keineswegs als Kommunikationspartner in Frage.

Hier zeigt sich die totale Rücksichtslosigkeit des Fürsten seiner Familie und seiner Umgebung gegenüber: „Er, der Fürst, müsse einer dummen Gesellschaft immer klarmachen, daß sie dumm ist, und er tue immer alles, um dieser dummen Gesellschaft zu beweisen, *daß sie dumm ist.* Manchmal sage dann diese dumme Gesellschaft, *er* sei dumm. ‚Ihr einziger Ausweg’, sagte er“(V, 146).[34]

Die Bereitschaft des Fürsten, sein Gehirn mit anderen zu teilen („„Mein Gehirn habe ich zeitweise immer wieder ohne weiteres mit einem andern teilen können[...]’“), findet

---

[33] Diese Bezeichnung, als Sammelbegriff für die Familie des Fürsten, erfährt später im Fürstenmonolog ihre genaue Beschreibung. Die Textstelle, in der die Familie zusammenfassend gekennzeichnet wird, lautet: „Während seine Familie, ‚diese ununterbrochen infame Geistesamputation’ (Saurau), die hier unter seinem Namen in Hochgobernitz herrscht und ihr ‚alltägliches Leben’ als eine ‚von Hunderten und Tausenden von bestürzenden *Geisteskleptomanien* und mit der rettungslosen Hilflosigkeit, für die sie erzeugt ist, in erster Linie in ihre Körper und in zweiter Linie in ihre Köpfe aus den größten Entfernungen in sich hineininhaltiert’, sei er, Saurau, mitten unter ihnen, in ihrer ‚katastrophalen Gesellschaft’, von diesen Geräuschen (‚Innerirdischen Eruptionen?’ [Vater]) betroffen“ (V.103).

[34] Hervorhebungen im Originaltext.

keinen Widerhall bei seiner Familie, die sich seines krankhaften Zustandes nicht bewusst ist. „Er *affiziere* sich oft lange an dem Gedanken eines lange Zeit von seiner nächsten Umgebung nicht wahrgenommenen Todes seiner Person"(V, 147).

Die Dualität zwischen dem gespürten Bedürfnis, sich selbst verständlich zu machen, und dem nie erreichten Verständnis seiner Umgebung, verschärft nun mehr die Qual des Fürsten Saurau. Diese Dualität erklärt sich auch im Zusammenhang mit der in Hochgobernitz empfundenen Langeweile des Fürsten. Ein Grund dafür ist der Alltag in Hochgobernitz. Dies bildet einen Ausgangspunkt für eine Auseinandersetzung des Fürsten mit der Frage der Existenz schlechthin.

An seiner Familie stellt er den Tod fest und kritisiert somit ihre Lebensauffassung: „‚Meine Verwandten gehen wie Tote hin und her, manchmal habe ich Lust, sie anzurufen und ihnen ins Gesicht zu schreien, sie sollen nicht andauernd tot sein. Es ist jeden Tag das gleiche', sagte der Fürst" (V, 151). Aus dem Alltäglichen, als Inbegriff des Gewöhnlichen, („‚Der Tagesablauf ist in Hochgobernitz immer ein deprimierender gewesen'" [V, 162]), erkennt er die sinnentleerte Existenz seiner Verwandten: „‚*Die Toten* wachen auf und waschen sich und frühstücken und reden und gehen wieder auseinander und verkriechen sich wieder in ihre Betten', sagte der Saurau. ‚Eine tote Familie', sagte er" (V, 157).

Die Liebe, als mögliches rettendes Element, wird seitens des Fürsten für ein „Absurdum" erklärt: „‚Meinen Charakter kann man mit Recht als einen lieblosen bezeichnen. Aber mit dem gleichen Recht bezeichne ich die Welt als eine *völlig lieblose.* Liebe ist ein Absurdum und in der Natur überhaupt nicht enthalten'" (V, 151).[35]

Lieblosigkeit, „‚allein gelassen [.] *sein*'", Kommunikationslosigkeit, Geist- feindlichkeit und die „Lächerlichkeit" der Existenz sind Elemente einer groβen Kälte bzw. eines tiefen Schweigens des Fürsten, der in der Sprache – mit sich selbst – seinen Wahnsinn kundtut: „‚In meinem Zimmer ist es kalt, weil es in *mir* kalt ist, in Hochgobernitz ist es kalt, weil es in *mir* kalt ist, ich gehe aus meinem Zimmer hinaus, ich gehe aus Hochgobernitz hinaus, in Gedanken, verstehen Sie, aus Hochgobernitz, überall stelle ich die gleiche Kälte fest'"(V, 151-152).

---

[35] Hervorhebungen im Originaltext.

Zwei Mal pro Woche laden die Schwester und die Töchter des Fürsten Leute aus der nahen Umgebung zwecks Unterhaltung ein. Rücksichtslos verhält sich letzterer gegen seine Gäste, die er früher eingeladen hat. Zum Frühstück hält er eine „Morgenansprache", in der er „das Philosophische" und „das Politische" auf den Tisch bringt. Diese Gäste, die „„sich sofort auf die Seite der Frauen [...] schlagen'", „fürchten" seine „Vorträge".

Als guter Menschenkenner („„Niemand braucht seinen Mund aufzumachen, damit ich weiβ, was für eine Politik die seinige ist'"), stellt er fest, dass er in Hochgobernitz „„immer fast nur Haus*feinde*'"(V, 180) [36] gehabt hat.

Der Fürst distanziert sich von dieser Gesellschaft, aber er sieht sich die in Hochgobernitz geführten Schauspiele an. An einer Textstelle des Fürstenmonologs erfahren wir eine Rückkehr des Fürsten zum normalen Leben und eine Harmonie in der Familie.

Nach einem Schauspiel, das eines Nachts geführt wird, „deklamiert" der Fürst beim Spazierengehen den Schauspieltext und gelangt zur Selbsterkenntnis. Das mit sich selbst geführte Schauspiel gelingt ihm, indem er das Vertrauen in seine geistigen Fähigkeiten wiedererlangt und seine Krankheit – Schlaflosigkeit – überwindet. In diesem Moment der inneren Ruhe scheint es ihm möglich zu sein, „„einen Vorstoß ins Leben machen zu können'"(V, 112).

Die bloβe Tatsache, dass er ganz spät in der Nacht seine Familie in der Bibliothek findet, wird von ihm als ein Zeichen von Intellektualität verstanden. Die Familienmitglieder und der polnische Vetter werden als Gesprächspartner angesehen. Sein Hauptaugenmerk richtet er hauptsächlich auf den Polen, der nicht als geistiges Hindernis betrachtet wird, sondern eher als ein viel mehr Konzentration stiftendes Element: „„[...] während ich vor allem diesem hochintelligenten Polengesicht alles aufkläre[...]'" (V, 115). Dies erinnert uns an den Franzosen im Prosastück *Attaché an der französischen Botschaft* von Bernhard, in dem der Onkel, die Hauptfigur, gegen die Gewohnheit unpünktlich bei der Tischgesellschaft erscheint und von einer seltsamen Begegnung mit einem Fremden, mit einem Franzosen, auf den er lange gewartet habe, erzählt.

---

[36] Hervorhebungen im Originaltext.

Dem Onkel erscheint der junge Franzose als „einer der wichtigsten Menschen“[37] in seinem Leben. Mit ihm habe er vortrefflich über alles diskutieren können. Aber diese Diskussion erweist sich später als ein seitens des Onkels gehaltener Vortrag, als ein Monolog. Noch bei der tastenden Stufe der Erkenntnis bewundert er die Klarheit des Denkens des Franzosen und seine Präzision. Aber mit einer fertigen Philosophie im Kopf, verirrt sich der Franzose im Wald und bringt sich um.[38]

Als erstes erklärt der Fürst seinen Leuten, was eine Diskussion sei: „‚Auf dem Höhepunkt der Diskussion, und schon bevor ich die Diskussion begonnen habe, habe ich meinen Zuhörern gesagt, *was* eine Diskussion ist, daβ eine Diskussion etwas ganz anderes ist als das, wovon man heute glaubt, daβ es eine Diskussion *sei*'“ (V, 110)[39]. Es ist keine Diskussion im Sinne von Gedankenwechsel, sondern ein vom Fürsten, auf und ab gehend, gehaltener Vortrag: „‚Ich habe von dem Zeitpunkt an, in welchem mir, als ich in die Bibliothek hereinkam und meine Verwandten auf dem Boden sitzen sah, bewuβt geworden ist, daβ ich die Diskussion führen, diesen Vortrag halten *muβ*, gewuβt, daβ ich jetzt nicht mehr zurück kann'“ (V, 112).

Diese Diskussion mit sich selbst ist auch eine Anspielung auf den Roman *Verstörung* selbst. Als Bericht ist der Roman ein geistiger Raum, in dem der Berichterstatter seine Auseinandersetzung mit einer fremden Welt *schreibend* zu bewältigen versucht. Diese Kommunikation mit sich selbst verweist uns unmittelbar auf den Fürstenmonolog.

Schauspielerisch könnte der Fürst den Anschein einer perfekten Harmonie[40] mit seiner Familie vermitteln, die Ruhe in Hochgobernitz als Ruhe empfinden („‚Wir waren plötzlich alle gemeinsam zu dieser hier in Hochgobernitz *immer* herrschenden Ruhe befähigt [...]'“)[41], die Natur als schöne Landschaft wahrnehmen und den Sonnenauf-

---

[37] Thomas Bernhard: *Prosa*, F.a.M. 1988, S. 71.

[38] Vgl. diesbezüglich die Ausführungen von Sahbi Thabet in seinem Beitrag: „Meine Grundstücke sind meine Themen“ – Zur Darstellung des Raumes in Thomas Bernhards *Attaché an der französischen Botschaft.* In: Sprachkunst. Beiträge zur Literaturwissenschaft, Jahrgang XXXI/ 2000,1. Halbband, Wien 2000, S. 17 – 36.

[39] Hervorhebung im Originaltext.

[40] Die früher empfundene Eintracht des Fürsten mit seiner Familie ist heute unmöglich: „‚Jahrelang hat es genügt [...], daβ ich aus meinem Zimmer zu den Frauen hinuntergegangen bin. Ein Essen mit ihnen. Eine Unterhaltung mit ihnen. [...] Heute? Alles ist sehr weit weg heute. Immer weiter weg ' “ (V, 183).

[41] Hervorhebungen im Originaltext.

gang genießen: „„Durch die plötzliche Klarheit unserer Gehirne sind wir plötzlich alle von der Natur ergriffen gewesen'" (V, 111).
Da es nicht so ist; weil die Ruhe trügerisch ist wie „„die Ruhe vor dem Hochwasser'" (V, 113), und weil die Geräusche immer da sind und plötzlich im Kopf des Fürsten einsetzen, scheint das Ganze falsch zu sein und doch eher auf die Vernichtung abzuzielen. Der Umgang mit den Menschen und mit der Natur ist nur schauspielerisch möglich. Setzt das Denken ein, dann wird alles vernichtet, und dem endgültigen Schweigen zugeführt.

Die Harmonie mit der Familie ist lediglich eine scheinbare, ja sie ist unmöglich, denn der Wille des Fürsten, einen klaren, geistig funktionierenden Kopf zu haben, durch Unterdrücken stets vorhandener Geräusche, weist auf eine Zwiespältigkeit hin: „„Aber ununterbrochen bin ich von den Geräuschen in meinem Gehirn gequält gewesen'" (V, 111). Für ihn kann das Leben nur schauspielerisch geführt werden und somit möglich sein. Mit diesen Geräuschen geht er auch schauspielerisch um. Sie dominieren sein Denken und sein Leben. Das Leben im Sinne einer erwünschten Eintracht mit der Familie und der Umwelt bleibt nur eine Illusion.
Die perfekte Einschmelzung der Innenwelt mit der Außenwelt ist für eine Weile möglich, aber nur durch Strapaze des Ichs. Das Bemühen des Fürsten um ein „„Spiegelbild'" von sich selbst scheitert im Moment der Rückkehr zur eigenen Wahrheit.
Im zwanghaften und isolierten Existieren mitten in diesen Geräuschen, von denen seine Familie, seine Umwelt nichts ahnen („„Meine Qual ist aber eine Ihnen [zum Arzt] verschlossene Qual'"), entpuppt sich die „„eingebildete'" (V, 112) Harmonie mit der Familie als Lüge. Nur monologisierend kann der Fürst Saurau sich behaupten, seine Herrschaft über seine Familie sprachlich ausüben und somit in ‚Harmonie' mit ihr leben.

Eine große Ähnlichkeit mit dem Fürsten – in Bezug auf die Familienverhältnisse – kann man auch an seinem Vater, dem alten Saurau, feststellen. In seinen letzten Tagen, bevor er Selbstmord begeht, reduziert der alte Saurau sein Verhältnis zu den „Frauen" auf das Minimum: „„Mit den Frauen hatte er nur noch Kontakt, wenn er Hunger hatte [...]'"

(V.152), wobei hier mit dem Wort „Kontakt" keine Kommunikation gemeint ist, im Sinne von Miteinander-Reden. Völlig abgeschlossen in seinem Zimmer führt er Gespräche mit sich selbst. Zur Außenwelt hat er „Kontakt", nur wenn er das Essen verlangt, dann „‚schob [er] einen Zettel unter seiner Zimmertür durch, auf den er mit Rotstift geschrieben hatte, was er sich zu essen oder zu trinken wünschte'" (V, 152).

Das Gefühl des Verlorenseins des Fürsten mitten in seiner Familie wurde am deutlichsten, als sein Vater Selbstmord beging und die ganze Erbschaft auf ihn, den Fürsten, überging. Ein Gespensterdasein führt er in Hochgobernitz fort, mit der Feststellung einer Bewußtseinskrise, die nicht zu überwinden ist: „‚Es ist mir klar', sagte der Fürst, ‚daß ich ein Mensch bin, der, wenn auch *noch da*, in Wirklichkeit schon gar *nicht mehr da ist, tot ist.*'"

Manchmal kommt es in Hochgobernitz zu einem Gespräch zwischen dem Fürsten und den anderen Familienmitgliedern. Der Inhalt solcher Gespräche wird nur angedeutet. Das tatsächliche Gespräch erfahren wir nicht, wobei damit unmittelbar mehr Wert gelegt wird auf die Betrachtungsweise des Fürsten hinsichtlich dieser Gespräche. Wir werden direkt mit den Reflexionen des Fürsten konfrontiert und in seine Gedankenwelt eingefangen. Ein Schweigeraum entsteht in dem scheinbaren Reden zwischen dem Fürsten und der Familie. Auch stellt er hinsichtlich der besprochenen Themen große Unterschiede fest: „‚Als sie [die ältere Schwester] mir dann von dem Besuch erzählte, dachte ich mir, daß ich mich aus meinen Verwandten heraus, ich weiß gar nicht, wohin, so weit von ihnen entfernt habe, mit großer Geschwindigkeit von ihnen *weg*gehe'" (V, 157).[42]

Die total gesetzte Subjektivität des Fürsten, aus der wir ihn als monologisierende Instanz erfahren, lässt uns auf seinen Ausbruch aus dem kommunikativen Rahmen schließen. Seine Mitteilungslosigkeit, als Kommunikationsverweigerung, ist auch am

---

[42] Hervorhebungen im Originaltext.

deutlichsten aus seinem Notizbuch, in dem er „Bemerkenswertes hineingeschrieben" (V, 189) hat, abzuleiten.

„„Gerade weil ich in meinem Alltagsumgang mit euch immer alles verschweige, habe ich in meinen Notizbüchern nichts verschwiegen! Meine ganze Rücksichtslosigkeit bricht in meinen Notizbüchern über euch herein'" (V, 190 – 191), teilt der Fürst seiner Schwester mit, als er sein ‚verlorenes' Notizbuch in der *Küche* findet und somit in ihm der Verdacht aufsteigt, dass eine seiner Schwestern oder Töchter sein Notizbuch „„durchgelesen und in der Küche liegengelassen hat'" (V, 190). Um das ganze Haus herum läuft er auf der Suche nach einer Antwort, um am Ende festzustellen, dass er „„selbst'" sein „„Notizbuch in der Küche liegengelassen hat '"(V, 192).

Als geistiger Raum bildet das Notizbuch eine Ersatzwelt, in der sich der Fürst ausdrücken kann und seine Rücksichtslosigkeit gegen alles walten lässt. Aber das Geschriebene wird hier durch das Sprechen darüber vernichtet. In die Irre geführt durch die Annahme, dass eine seiner Schwestern oder Töchter aus seinem Notizbuch gelesen haben könnte, schildert er ihnen, was er in seinen Notizbüchern über sie geschrieben hat: „„*In diesen Notizbüchern werdet ihr eines Tages die fürchterlichsten Entdeckungen machen, Expeditionen in eure Abscheulichkeit hinein.'"* [43] Sein geheim gehaltenes Denken, das einmal veröffentlicht („„ [...] ich führe meine Notizbücher öffentlich '"[V, 190]) oder ausgesprochen wurde, erfährt damit seine Vernichtung.[44] Die Selbstentblößung des Fürsten bedeutet hier auch seine Selbstvernichtung.

---

[43] Hervorhebung im Originaltext.

[44] In diesem Zusammenhang sagt der Ich-Erzähler in *Auslöschung* : „Das geheimgehaltene Denken ist das entscheidende, hatte ich zu Gambetti gesagt, nicht das ausgesprochene, nicht das veröffentlichte, das mit dem geheimgehaltenen sehr wenig, meistens überhaupt nichts gemeinsam hat und immer ein viel niedrigeres ist, als das geheimgehaltene, welches doch immer Alles ist, während das veröffentlichte, wie wir wissen, nur das notdürftigste ist. Aber wenn wir die Möglichkeit hätten, das geheimgehaltene Denken zu veröffentlichen, auch nur in einem Augenblick auszusprechen [...], wären wir am Ende. Dann hätte sich auf einmal alles aufgehört" (A, 161).

2. DAS UNAUSSPRECHLICHE DENKEN

Sprechen, Schreiben und Denken bilden einen Komplex, der für Bernhards poetisches Schaffen charakteristisch ist. Die literarische Verarbeitung einer unlösbaren Problematik, nämlich der Unvereinbarkeit von Sprechen bzw. Schreiben und Denken, durch ihre facettenartige Beschreibung, zeugt einerseits von dem Willen, ein Auβersprachliches sprachlich umzugrenzen und anderseits von der tiefen Überzeugung der Vergeblichkeit eines solchen Unternehmens. Das von einem Zeichensystem umgezäunte Denken erfährt nie durch das Sprechen oder das Schreiben seine totale Umsetzung. Als abstrakter Vorgang scheitert seine offenkundige ‚Materialisierung' durch das Medium der Sprache bzw. der Kunst. Das Paraphrasieren, die Übertreibung und die Wiederholung als bevorzugte Erzähltechniken tragen vielleicht dazu bei, das Gedachte näher zu bestimmen und Möglichkeiten des Sprechens zu präsentieren. Aber nie wird das Denken, als Totalität, durch seine Versprachlichung erfahren. Diese schon seit der Jahrhundertwende literarisch und philosophisch thematisierten Sprachkrise und Sprachskepsis[45] werden bei Bernhard absolut gesetzt, indem sie ihre genaue Beschreibung erfahren und auf eine Poetik des Schweigens hindeuten.

Dieser Konflikt charakterisiert hauptsächlich bestimmte Figuren Bernhards, die in der Sprache ihr letztes Refugium erkennen und letztendlich ihre Rettung bzw. Vernichtung erfahren.

---

[45] Schon in einem Text von 1901, im „Chandos – Brief", schildert Hugo von Hofmannsthal das Problem der Unvereinbarkeit von Denken und Sprechen: „Mein Fall ist in Kürze, dieser: Es ist mir völlig die Fähigkeit abhanden gekommen, über irgend etwas zusammenhängend zu denken oder zu sprechen." Vgl. diesbezüglich das, was Gerhard Neumann in seinem Aufsatz: Hofmannsthals poetologische Konzepte 1902 und 1907 aus der Sicht der Postmoderne (Boto Strauβ: „Beginnlosigkeit") sagt: „Der „Chandos" – Brief konfrontiert einen Dichter mit einem Naturwissenschaftler und thematisiert – in komplizierter Spiegelung und Gegenspiegelung im Hinblick auf naturwissenschaftliches Erkennen – das Zerbröckeln der Wahrnehmung, die Auflösung und Dissipation der Erscheinungen, den „Zerfall" (die ‚Dekadenz') jener Ordnung, die allererst Wahrnehmung ermöglicht." In: Jacques Lajarrige: Modernité de Hofmannsthal, Austriaca n° 37, Dezember 1993, S. 227. Die hier angedeutete Sprach- und Bewusstseinskrise wird von Victor Žmegač als Markzeichen der modernen österreichischen Literatur bezeichnet. In: Victor Žmegač (Hrsg.): Geschichte der deutschen Literatur vom 18. Jahrhundert bis zur Gegenwart, B. III/2, Königstein 1984, S. 725.

2.1 Produktives Scheitern

> „Er arbeite Tag und Nacht, schreibe und vernichte das Geschriebene wieder, schreibe wieder und wieder und vernichte wieder und nähere sich seinem Ziel“ (V, 43).

Schreiben und vernichten charakterisieren in *Verstörung* einen sehr reichen Industriellen, der zuckerkrank ist und an der absoluten Schlaflosigkeit leidet. Alle vorgeführten Details über das Leben dieser Person lassen uns auf einen Geistesmenschen schließen. Völlig zurückgezogen von der Außenwelt und in sich verschlossen, schafft der Industrielle die *„ideale“* (V, 42)[46] Atmosphäre, um mit einer schriftstellerischen Arbeit vorwärts zu kommen. Mit seiner Halbschwester teilt er seine Einsamkeit. In einem abgelegenen Ort liegt der Wohnraum dieser beiden Personen, die wie „Mann und Frau“ (V, 43) zusammenleben. Das Haus ist ein Jagdhaus, das der Industrielle dem Fürsten Saurau abgekauft hat. In einer Lichtung liegend ist das Haus von Wäldern umgeben, die von Wächtern kontrolliert werden. Sie sollen dem Industriellen „alle Menschen vom Leib halten“ (V, 46). In den Wäldern hat er alles Wild, als möglichen Störungsfaktor, abgeschossen und verschenkt. Kontakt mit der Außenwelt hat er nur durch die Post. Einmal am Tag und nur für eine Stunde lang leitet er von *Hauenstein* aus sein immer florierendes Geschäft. Alle Zimmer im Jagdhaus sind „zur Gänze leer“ (V, 43) und finster. Als Möbel braucht er nur das Allernotwendigste. Im Haus befindet sich „kein Bild“ und „kein einziges Buch“. In seinem Arbeitszimmer „dulde [er] außer Tisch und Sessel nur leeres Papier.“ Mit seiner Halbschwester unterhält er sich nur über Ernährungsfragen. Er gestatte ihr nur das Lesen von ausländischen Zeitungen („keine einzige deutsche“), die „mindestens einen Monat alt sein“ (V, 44) müssen.
„Alles im Jagdhaus müsse seiner Konzentration auf die Arbeit nützlich sein“ (V, 48). Von dieser Arbeit wissen wir nur, dass es sich um ein *„durch und durch philosophisches Thema“* handelt, „über das er aber niemals spricht“ (V, 42).[47]

Das Sich-Zurückziehen aus der menschlichen Gesellschaft, ja aus dem Leben selbst, dient dem Industriellen dazu, über das Leben zu reflektieren und zu schreiben. Die angeblich

---

[46] Hervorhebung im Originaltext.
[47] Hervorhebung im Originaltext.

lange Erfahrung, als Material seiner geistigen Auseinandersetzung mit dem Leben, führt zwar zu neuen Entdeckungen, die aber alle auf die letzte Vernichtung, nämlich seine Selbstvernichtung, abzielen. Selbst die Einrichtung dieser leeren Räume widerspiegelt seine innere Disposition, die durch den Akt des Schreibens ihre geistige Not kundtut.

Die rücksichtslose Zerstörung der normalen Verhältnisse zur Natur und zu den Menschen führt im Endeffekt nicht zur Erkenntnis. Denn trotz dieser idealen Einsamkeit und dieser totalen Ruhe als äußerer Voraussetzungen einer völligen Konzentration auf die schriftstellerische Arbeit, gelingt es dem Industriellen nicht, aus dem engen Kreis von Schreiben und Vernichten herauszukommen. Das Schreiben, als Versuch, Gedanken mittels der Sprache auszudrücken und als die letzte Möglichkeit einer Kommunikation mit sich selbst zugunsten einer besseren Selbst- und Welterkenntnis herzustellen, scheitert daran, dem Geistigen eine Gestalt zu verleihen. Die einzige erreichbare Erkenntnis wird zudem allein im Vernichtungsakt erkannt.

Schreiben und vernichten des Geschriebenen deuten hier zunächst auf die Problematik der Unvereinbarkeit von Sprechen bzw. Schreiben und Denken hin. Denken und Sprache sind eng miteinander verbunden. Ohne Sprache kann sich das Denken unmöglich konkret manifestieren. In diesem Sinne zielen die philosophischen Ansätze Wittgensteins auf eine logische Erklärung des Mediums Sprache und auf sein Verhältnis zum Denken: „Der Gedanke ist der sinnvolle Satz“, sagt Wittgenstein in *Tractatus logico-philosophicus*[48]. Außerhalb der Grenzen der Sprache ist das Denken nicht überprüfbar.
Bernhards Figuren leiden unter dieser Problematik: Ihr Denken lässt sich nicht durch die Sprache festhalten. Als Verhängnis vollzieht sich die Bedeutung der Sprache in deren Vernichtung.

---

[48] In der Abbildtheorie des „Tractatus logico-philosophicus“ (1921 erschienen) findet die Welt als „Gesamtheit der Tatsachen“ (1.1) in der Sprache (3, 3.1, 4.001, 4.01) eine angemessene Darstellung. Die Wirklichkeit ist sprachlich darstellbar, nicht aber die immanente Logik (4.12), die sich als Form zeigt (4.121). In seiner Sprachspieltheorie der „Philosophischen Untersuchungen“ (1953 erschienenen) formt Wittgenstein seine Sprachtheorie um. Ihm nach ist die Sprache gesetzte Konvention. Bedeutung von Worten – wohl auch Sätzen und Sprache als Zeichen – ist der Gebrauch, der nach Regeln erfolgt. Vgl. zit. Anm. 12.

Als zweites ist die Natur der Arbeit des Industriellen von groβer Bedeutung. Das seitens des Industriellen absichtliche Verschweigen seines philosophischen Themas, entpuppt sich als ein vergebliches Suchen nach Wahrheit. Die Beschäftigung mit dem Philosophischen und die Transzendenz des Erfahrbaren in ein Geistiges sollen angeblich dem Industriellen dazu verhelfen, seine eigene Wahrheit schreibend zu erfahren. Die geistig-abstrakte Ermittlung des Vergangenen vollzieht sich endgültig im Akt der Vernichtung. Zwischen einer noch nicht erreichten geistigen Höhe und einer nicht mehr erlebten Vergangenheit, zwischen einem Oben und einem Unten, führt der Industrielle seine Existenz in solchem Hohlraum weiter: „Er bereite sich jetzt auf eine noch jahrelange, ihn möglicherweise vernichtende Arbeit vor“ (V, 49).

Das Scheitern der philosophischen Studie als Ausdruck der Unmöglichkeit der philosophischen Erkenntnis verschärft nun mehr die Existenznot des Industriellen. Von sprachlicher und geistiger Natur ist das Schweigen dieser Figur, das sich im Prozess von Schreiben und Vernichten herauskristallisiert, es ist der Träger einer Bewusstseinskrise, die wahrscheinlich mit seinem endgültigen Verstummen, also Tod, enden wird: „‚möglicherweise bleibt als Ergebnis nur ein einziger Gedanke übrig‘“ (V, 45), teilt der Industrielle dem Arzt mit; und das wäre angeblich der Todesgedanke. [49]

Die Gestalt des Industriellen gehört zu jener Gruppe von Protagonisten Bernhards, die unter dem Bann des „Absolutheitsstrebens und Vernichtungsdrangs“[50] stehen. Auf der Suche nach Perfektion vernichten diese Figuren rücksichtslos ihre Umgebung bzw. sich selbst. Obwohl sie die räumliche und die soziale Isolation schaffen, weil die Studienniederschrift die vollkommene Abgeschlossenheit von der Auβenwelt verlangt, scheitern sie letztendlich vollständig. In *Das Kalkwerk* kann Konrad, die Hauptfigur, seine Studie über das Gehör nicht schreiben. Ihm ist es unmöglich, den ersten Satz zu formulieren: Indem er die totale Stille empfindet und „wo er auf seinem Bett liege und nichts höre, keinen

---

[49] Seinen nah eintretenden Tod erfährt er wahrscheinlich in Selbstmordgedanken und einem Üben von Selbstmordmöglichkeiten. Hinter dem Jagdhaus übt der Industrielle das Schieβen, „Ich übe mich da, ich weiβ nicht, worauf“ (V, 45) und im Vorhaus bemerkte der Berichterstatter die Existenz einer „ dicken Schnur […], die von der Decke herunterhing“ (V, 48).

[50] Dies ist der Titel eines Beitrags von Erika Tunner: Absolutheitsstreben und Vernichtungs- drang oder die Kunst des Scheiterns. In: Revue d'Allemagne. 8. 1976, (S. 584 – 600).

Menschen, keinen Laut, nichts," glaubt er, „dass ihm jetzt möglich sei, sich an den Schreibtisch zu setzen und mit der Niederschrift der Studie anzufangen und setze sich auch an den Schreibtisch, aber noch in dem Gefühl, anfangen zu können, könne er nicht anfangen" (K, 150).

Jahrzehntelang hat er über die Studie nachgedacht und mit seiner gelähmten Frau experimentiert. Es gelang ihm nicht, die Ergebnisse seiner Forschung niederzulegen. Er kommt über Notizen, Beschreiben von Zetteln und Fetzen nicht hinaus. Die endgültige Formulierung fehlt. Seine Studie soll etwas Eigenartiges, Einmaliges hervorbringen. Aber der erneut unternommene Versuch, sein Lebenswerk zustande zu bringen durch die Niederschrift, endet katastrophal: Konrad ermordet seine Frau und wird von Fro, dem Berichterstatter über Konrads Leben, als vernichtet bezeichnet. Die angebliche Hemmung Konrads ist sprachlich-geistiger Natur. Ein perfektes Zur-Sprache-Bringen der Studie durch einen originellen Benennungsakt erschwert sein Vorhaben und macht eine solche Studie prinzipiell unmöglich.

Das Scheitern Konrads liegt somit in seiner „Sucht zu Perfektion" (B, 116) und in seiner Konzeption der idealen Niederschrift der Studie begründet: „Wir wollen immer das Höchste, erreichen es aber dadurch, dass wir es wollen, nicht" (Ho, 204). Sprachnot wird zu Existenznot und aus dem sprachlichen Schweigen erfolgt das existentielle Schweigen.

Konrads Sprachkonzeption erfährt bei Roithamer, der Hauptfigur in *Korrektur*, ihre Relativierung. Ihm ist es gelungen, ein umfangreiches Manuskript[51] fertig zu stellen. Aber das Ungenüge an der Darstellung, an der Sprache, manifestiert sich in seiner unaufhörlichen Korrektur dieser Schrift, die von Roithamer als „Korrektur der Korrektur der Korrektur" (Ko, 361) bezeichnet wird. „Zutode korrigiert", ist die Studie „vernichtet" (Ko, 86).

Das Denken, das hier als *Prozess* erfahren wird und nicht als System, wird mit seiner Fixierung als Erstarrung empfunden. Zum Tode verurteilt ist das abgeschlossene Denken und somit geschlossene Denken, wenn es nicht für weitere Erkenntnisse offen steht.

---

[51] Roithamer hinterlässt eine Dachkammer voller Entwürfe, darunter drei Manuskripte über ein und denselben Gegenstand, Altensam und den Kegel: die erste Fassung des Manuskripts umfasst 800 Seiten, die zweite 300, die dritte 80; die vierte nur noch 20 Seiten. (Ko, 178 – 179).

Auf das Schreiben Bernhards bezogen, bildet diese Problematik – Denken und Sprache – ein Kernzentrum, von dem aus andauernd versucht wird, immer sich neu zu artikulieren, mit der Absicht, das Denken in Sprache zu übersetzen. Doch scheitert der Versuch, der von Anfang an unternommen wird: „Aber alles zu Schreibende muβ immer wieder von vorne anfangen und immer wieder aufs neue versucht werden, bis es wenigstens einmal annähernd, wenn auch niemals zufriedenstellend glückt" (Ja, 522).

Das Kunstwerk ist also dann keine für sich abgeschlossene Entität. Es wird eher zu einem Experimentierfeld, zu einer geistigen Probebühne, auf der andauernd geprobt wird, ob es möglich wäre, alles in einem einzigen Satz zu sagen.

Caribaldi, der Zirkusdirektor im Theaterstück *Die Macht der Gewohnhei*t strebt danach, einmal, ein einziges Mal, das *Forellenquintett* fehlerfrei zu Ende spielen zu können. Er sagt:

„Alles nur widerwärtig
alles was geschieht
geschieht widerwärtig
Das Leben die Existenz
widerwärtig
[...]
Die Wahrheit ist
Ich liebe das Cello nicht
Mir ist es eine Qual
Aber es muβ gespielt werden
[...]
Wir wollen das Leben nicht
Aber es muβ gelebt werden" (M, 123).

Das Schreiben entpuppt sich dann als Versuch, an einen Gedanken näher zu kommen. Es kreist andauernd um ihn herum, zerredet das Gesagte, bis das Schreiben bzw. Sprechen nichts anderes bedeutet als „Luft".

Scheitert das Schreiben als Versuchsfeld, sich selbst zu begegnen und dem eigenen Denken Gestalt zu verleihen, so erscheint das Sprechen, als eine andere Form des Umgangs mit der Sprache, dem eigenen Ich dabei zu verhelfen, eine Krisensituation darzustellen und darin eine mögliche Rettung zu sehen. Dies geschieht nicht durch ein konventionelles Verständnis der Sprache, als Mittel der zwischenmenschlichen Kommunikation. Es ist eher Kommunikation mit sich selbst, die durch das Selbstgespräch, den Monolog, erfolgt.

2.2 Das monologische Sprechen

In *Verstörung* erscheint die Hauptfigur des Fürsten als eine unaufhörlich mit sich selbst sprechende Instanz. Ihr Reden bildet den gesamten, längeren zweiten Teil des Romans, dessen wichtige Bedeutung für den ganzen Text durch die Überschrift „Der Fürst" angezeigt wird.[52]

Die Begegnung mit dem Fürsten ist für den Arzt und seinen Sohn, den Berichterstatter, die letzte Station ihrer Reise in die Krankheit und Weltverstörung. Hier ist der Berichterstatter völlig zurückgezogen. Er erzählt nicht mehr wie im ersten Teil des Romans aus einer distanzierenden, beobachtenden Perspektive, sondern er gibt abwechselnd in direkter und indirekter Form die Rede des Fürsten wieder. Es scheint hier, dass sich die Welt aus einem distanzierten Blickwinkel nicht mehr erzählen lässt. Die Welt selber greift zum Wort und zerredet sich selbst. Mit Floskeln wie „sagte der Fürst" oder „hat er gesagt", und einigen Einschüben begnügt sich der berichtende Erzähler.

Im Vergleich zum ersten Teil, der sich durch ein leicht überschaubares Handlungsschema auszeichnet, ist der Versuch, eine inhaltliche Strukturierung des zweiten Teils vorzunehmen, schwer durchzuführen. Der Fürstenmonolog besteht aus Erinnerungsfetzen und Träumen, aus sprunghaften Assoziationen und Gedankensplittern, die sich zusammenhanglos fügen lassen.

Uns geht es hier aber darum, das monologische Sprechen als Kommunikations- und Existenzform zu analysieren und sein Verhältnis zum eigenen Denken als dauerhaftem Prozess und als Vorstellung bzw. Weltanschauung zu erforschen.

2.2.1 Zur Bestimmung des Monologischen

Im Gegensatz zum Dialog ist der Monolog ein Selbstgespräch und findet vor allem im Drama Verwendung. Er ist das „Gespräch einer Figur mit sich selbst ohne direkten Adressaten, jedoch vor einem implizierten imaginären Zuhörer."[53] Faktisch ist natürlich das Publikum Adressat des Monologisierenden. Für Friedrich Hebbel sind Monologe im Drama „nur dann statthaft, wenn im Individuum der Dualismus hervor tritt, so daβ die

---

[52] Der erste Teil weist keinen Obertitel auf.

[53] Gero von Wilpert: Sachwörterbuch der Literatur, Stuttgart 1989,S. 586.

zwei Personen, die sonst immer zugleich auf der Bühne seyn sollen, in seiner Brust ihr Wesen zu treiben scheinen."[54]

Johann Jakob Engel unterscheidet in seiner 1774 erschienenen Abhandlung *Über Handlung, Gespräch und Erzählung* zwischen dem „räsonierenden Monolog" und dem „pathetischen Monolog". Über den „räsonierenden Monolog" sagt er: „Der Schriftsteller thut, als ob er von keinem Zuhörer wüsste, und bey sich selbst noch nicht ausgemalt hätte, was er vortragen will; er schließt sich gleichsam in sein Kabinett ein, und fängt laut an zu denken, indessen wir Leser unvermerkt an seine Thüre schleichen und horchen." Das Gespräch des Schriftstellers mit sich selbst, in dem der Gedanke reift und zum Ausdruck gebracht wird, betrachtet Engel hier als ein philosophisches Moment.

Der „pathetische Monolog" ist die Äußerung, „worin sich eine Person nur ihrem Herzen Luft zu machen, und alle die Empfindungen auszuströmen sucht, die durch Veranlassung der vorhergehenden Situation in ihr rege geworden."[55] Das Rekurrieren auf das Selbstgespräch ist bei Lucidor in *Wilhelm Meisters Wanderjahre* von Johann Wolfgang von Goethe innerlich, psychisch bedingt. Er „war von tiefem Gemüt und hatte meist etwas anderes im Sinn, als was die Gegenwart erheischte; deswegen Unterhaltung und Gespräch ihm nie recht glücken wollten; er fühlte das und wurde schweigsam[...]; jede Mitteilung war ihm daher bedenklich; Bedenken aber hebt jede Mitteilung auf. Zu seinem Vater war er nur gewohnt unisono zu sprechen, und sein volles Herz ergoß sich daher in Monologen, sobald er allein war."[56]

„Die moderne Literatur greift ihn [den Monolog] im monologischen Aneinandervorbeireden als Zeichen der Kommunikationslosigkeit und seelischer Vereinsamung u.a. im Monodrama wieder auf."[57] Insofern ist das monologische Sprechen im modernen Sinne der Ausdruck einer menschlichen Grundbefindlichkeit und die Widerspiegelung einer

---

[54] Hannsludwig Geiger (Hrsg.): Friedrich Hebbel. Werke, Wiesbaden, S. 847.

[55] Zitiert nach: Christof Schmid: Monologische Kunst. Untersuchungen zum Werk von Hans Erich Nossack, Stuttgart 1968, S. 10.

[56] Erich Trunz (Hrsg.): Goethes Werke, Bd. 8, Hamburg 1961, S. 90.

[57] Wilpert, (zit. Anm. 53) S. 587.

inneren Disposition, die darin – im Sprechen mit sich selbst – die letztmögliche Kommunikationsform erkennt.[58]

Friedrich Nietzsche unterscheidet im Begriff des Monologischen, als menschlicher und künstlerischer Grundhaltung, zwischen der monologischen Kunst und Kunst vor Zeugen:

> „Alles, was gedacht, gedichtet, gemalt, komponiert, selbst gebaut und gebildet wird, gehört entweder zur monologischen Kunst oder zur Kunst vor Zeugen [...] Ich kenne keinen tieferen Unterschied der gesamten Optik eines Künstlers als diesen: ob er vom Auge des Zeugen aus nach seinem werdenden Kunstwerke (nach >sich< –) hinblickt oder aber >die Welt vergessen hat< : wie es das Wesentliche jeder monologischen Kunst ist – sie ruht auf dem Vergessen, sie ist die Musik des Vergessens."[59]

Der Begriff des Monologischen wird bei Gottfried Benn, der von Nietzsches Ideen beeinflusst ist, in seinem 1953 erschienenen Brief unter dem Titel *Monologische Kunst*, den er an Alexander Lernet - Holenias geschrieben hat, näher spezifiziert. Die monologische Kunst wird als „einsame Bewegung des Schaffenden mit sich selbst verstanden, die keine äußere Gemeinschaft duldet."[60]

Im Gegensatz zum Monolog ist das Adjektiv „monologisch" die Bezeichnung einer menschlichen Grundhaltung, die sich im partnerlosen Sprechen zu verwirklichen sucht. Die Rede ohne Partner, die die äußere konkrete Sprechbedingung zur Bezeichnung „Monolog" bildet, ist zu unterscheiden von derjenigen, in der „die Erfahrung der Einsamkeit der eigentliche und tragende Grund des Sprechens ist. [...] Die äußere Situation des Alleinseins ist dabei eher eine Folge als eine Ursache dieser Haltung."[61]

---

[58] In diesem Zusammenhang schreibt Sahbi Thabet in seinem Beitrag unter dem Titel: „Die Kurve eines überstandenen Fiebers" – Zur Problematik des Schreibens bei Hans Erich Nossack: „Das Monologische im modernen Sinne, das in erster Linie eine innere Disposition reflektiert, bindet sich nicht zwangsläufig an den Monolog als eine Form der Rede. Es kann, wie viele Dramen des 20. Jahrhunderts es zeigen, auch einem Dialog entspringen, während andere Monologe in Dramen bis Ende des 19. Jahrhunderts heute als nicht-monologisch gelten." In: Cahiers d'Etudes Germaniques, 2000/1 – n° 38, S. 162.

[59] Karl Schlechta (Hrsg.): Friedrich Nietzsche, Werke , Bd. 2, München 1954, S. 241.

[60] Christof Schmid, (zit. Anm. 55), S. 12. Folglich unterscheidet Schmid zwischen dem Begriff des Monologischen und dem „inneren Monolog". Als „eine der beliebtesten Ausdrucksmöglichkeiten in Kurzgeschichte und Short Story, meint er [der Terminus „innerer Monolog"] eine bestimmte Form innerhalb einer bestimmten literarischen Gattung und ist somit lediglich eine begrenzte Ausformung der komplexen Möglichkeiten des Monologischen." In: Ebd. S. 10.

[61] Ebd. S.13

Für Hans Erich Nossack hat das Sprechen bzw. das Schreiben eine „biologische Funktion“[62]. Der Zweck wird nicht mehr das literarische Werk selbst, sondern die Erfahrung, der Prozess des Schreibens und des Sprechens, als innerlich verspürte Notwendigkeit. Das Geschriebene wird dann zum Beweis, zum „Kardiogramm einer Situation“, zur „Kurve eines überstandenen Fiebers.“[63] Das Schreiben wird zum Experimentierfeld, auf dem ununterbrochen versucht wird, sich selbst zu begegnen und Zwiesprache mit der eigenen Person durchzuführen. Diese monologische Grundhaltung ermöglicht dem eigenen Ich ein Zu – sich – selbst – Vordringen, von dem nur, als zustande gebrachtes Kunstwerk, „abgeworfene Häute“ und „gestrige Fuβspuren“[64] zurückbleiben. Für Nossack kann die moderne Literatur nur monologartige Kunstwerke zustande bringen:

> „Was von der Literatur unserer Tage übrig bleiben wird, kann nur Monolog sein. Weil der Monolog genau der Situation des im Dickicht abstrakter Wahrheiten verlorenen Menschen entspricht. Aber ist das nicht immer so gewesen? Ist nicht alles, was über die Zeiten hinweg lebendig an unser Ohr dringt, Monolog? Sollte die Gröβe des Menschen in seiner Einsamkeit liegen?“[65]

2.2.2 Die monologische Grundhaltung des Fürsten

„Ein tatsächlich in jede Richtung hinein Hunderte von Kilometern weiter Blick“ (V, 78). So fängt der zweite Teil des Romans an, indem sich der Berichterstatter von dem vergewissert, was er vorher über Hochgobernitz vom Hörensagen erfahren hat. Diese räumliche Grenzenlosigkeit, die an dem Ausdruck „weiter Blick“ deutlich wird, weist gleichzeitig auch auf die räumliche Höhe Hochgobernitz’, die der Arzt und sein Sohn „über den gefahrvollen *Steig*“ (V, 70) erreicht haben, hin. Dieser direkte visuelle und physische Kontakt mit jenem hochgelegenen Ort und die wiederholte Konzentration auf die Beschreibung seines Verhältnisses zur nahen Umgebung („Ich dachte, daβ man von hier aus wahrscheinlich den allerbesten Rundblick auf das ganze Land hat“ [V, 78]), markieren einen räumlich- erzählerischen Bruch mit den bisher besuchten und beschrie-

---

[62] Erich Lüth (Hrsg.): Neues Hamburg. Zeugnisse vom Wiederaufbau der Hansestadt. Publikum und Dichter, Hamburg 1950, S. 47.
[63] Hans Erich Nossack: Die Schwache Position der Literatur. Reden und Aufsätze, F.a.M. 1966, S. 36.
[64] Nossack, (zit. Anm. 63), S. 32.
[65] Ebd. S. 60.

benen Orten. Stellvertretend dafür steht die Fochlermühle[66], als Zwischenstation beim Aufstieg zum Fürsten Saurau. Diese Mühle befindet sich in einer *Schlucht.* Die aus diesem Besuch gewonnenen Kenntnisse versetzen den Berichterstatter in eine tiefe Depression und machen aus der herrschenden Finsternis in der Schlucht, die buchstäblich und metaphorisch zu verstehen ist, eine psychische, innere Finsternis, die er nur an etwas anderes denkend und sprechend zu überstehen versucht. Seine letzte Rettung sieht er im Denken an das Studium und an die Wissenschaft, die er betreibt und die letztendlich unfähig ist, die menschliche Finsternis aufzuklären.

Angesichts der empfundenen räumlichen Befreiung von den beengenden Grenzen der unterirdischen Hölle, fungiert Hochgobernitz als Gegenpol zur Schlucht bzw. zur Umwelt. Aber sofort und nur andeutungsweise stellt der Berichterstatter durch die scheinbare räumliche Weite eine ihr entgegengesetzte räumliche Enge fest. Dem Ausdruck „weiter Blick" stehen „Burg", „äußere Mauer" und dann „innere Mauer" (V, 78) entgegen. Dieses Gefühl der räumlichen Enge wird auch erzählerisch hervorgehoben durch die den Erzählvorgang einrahmenden Feststellungen von „Weiter Blick" und „Rundblick auf das ganze Land". Folglich wird auch diese räumliche Weite als Enge dargestellt. Diese empfundene Enge findet ihre Überspitzung in der Haltung der Selbstgesprächigkeit des Fürsten Saurau, die gleichzeitig auch den Kontrast dazu bildet. Denn nicht mit einem geistig Beschränkten und eng Denkenden haben wir es hier zu tun, sondern mit einem unaufhörlich mit sich selbst Sprechenden, der sich durch einen geistigen „weiter[en] Blick" und eine geistige Höhe auszeichnet.

Schon als der Berichterstatter Hochgobernitz erreicht hat, deutet er auf jenen Zustand der Selbstgesprächigkeit des Fürsten hin: „Wir [der Sohn und sein Vater] trafen den Saurau dann auf der inneren Burgmauer *gehend in einem Selbstgespräch*"[67] (V, 78). Das Selbstgespräch, das der Fürst trotz des Vorhandenseins eines Gegenübers fortsetzt, ist

---

[66] Diesbezüglich sagt der Berichterstatter: „Wir sprachen, als wir uns dem Ende der Schlucht näherten, von der Fochlermühle. Mein Vater schilderte den Müller als einen schwerfälligen sechzigjährigen Mann, der unter der Haut *verfaule,* immer auf einem alten Sofa liegt, nicht mehr gehen kann, seine Frau, deren Mundgeruch auf einen rasch fortschreitenden Zersetzungsprozeß ihrer Lungenflügel hindeute, habe Wasser in den Füßen" (V, 63 f.).

[67] Hervorhebung von mir.

der Ausdruck seines Heraustretens aus dem kommunikativen Rahmen[68]. Sein monologisches Sprechen hängt bloβ nicht von einem Zuhörer ab. Er „ist aber nicht nur allein und spricht, sondern er gibt in seinem ganzen Verhalten zu erkennen, dass das Sprechen ohne Partner die seiner persönlichen Grundhaltung angemessene Ausdruckweise ist [...] Seine Grundhaltung ist monologisch."[69]

Indem sie „stumm angeredet werden"[70], fungieren der Arzt und sein Sohn nicht als Gesprächspartner, sondern eher als ein formales Gegenüber.

Wie es sich schon im letzten Kapitel gezeigt hat, sieht der Fürst in den Familienmitgliedern keine Gesprächspartner, mit denen er kommunizieren und sich verständigen kann. Rücksichtslos fällt er die strengsten Verdikte über sie und hebt gleichzeitig seine besondere Betrachtungsweise, die hohe Anforderungen an den Geist stellt, hervor. Hört die Kommunikation mit der Auβenwelt auf, so setzt die Verständigung mit der eigenen Person ein, die im Sprechen ein Zu – sich – selbst – Finden ermöglicht. Das Sprechen wird somit zu jenem Ort der Selbstbegegnung und der geistigen Selbstverwirklichung. Aber dieses Sprechen hebt sich letztendlich im Wahnsinn auf. Denn wahnsinnig ist der Fürst. Zwar behauptet der Vater vorher seinem Sohn gegenüber, dass der Fürst Saurau wahnsinnig ist, aber der Sohn stellt „auf einmal" (V, 112) das fest, nach langem Zuhören und konzentrierter Beobachtung des Fürsten.

Die Geräusche, die der Fürst andauernd hört, scheinen die Ursache seiner Krankheit zu sein. An einer Textstelle des Monologs werden diese Geräusche seitens des Fürsten als „Risse", „Brüche", „ein Zerreiβen und Zerbröckeln" näher umrissen. Sein Kopf muss immer das „Fürchterliche", das „Tödliche" (V, 116) registrieren. Diese Geräusche widerspiegeln das permanente Einstürzen der Welt, das jegliches zusammenhängende

---

[68] Der Famulant in *Frost* konstatiert eben auch den Zustand der Selbstgesprächigkeit des Malers Strauch, den er zu beobachten hat. Er sagt: „Ich hörte ihn bis herauf mit sich selber reden. Wie wenn ein alter General Selbstgespräche führt. Sich an ein Heer wendet, das für ihn in alle Ewigkeit existiert" (F, 141).

[69] Christof Schmid, (zit. Anm. 55), S. 13.

[70] Bernhard Sorg: Thomas Bernhard, München 1977, S. 87. Ferner gilt auch, was G. Hensel in seiner „Minetti" – Kritik über die Rederollenverteilung schrieb. Bernhard arbeite bevorzugt mit zwei „Rollentypen, die extrem entgegengesetzt, doch aufeinander bezogen und angewiesen sind: mit der Rede– und Schweigerolle, mit der monologischen Ergieβung und den dagegengesetzten wortlosen oder fast wortlosen Reaktionen." In: FAZ, 3.9.1976 (Wiederabgedruckt in G. Hensel, Das Theater, S. 178.) Zitiert nach Anne Betten: Sprachrealismus im deutschen Drama der siebziger Jahre, 1991 Heidelberg, S. 378.

Denken unmöglich macht. Der Maler Strauch in *Frost* leidet auch unter diesen Geräuschen. Er sagt: „Hören Sie [der Famulant]? In meinem Kopf ist eine Kreissäge installiert. Diese Säge macht einen Lärm, daβ ich darin umkommen könnte [...]" (F, 88). In einem Brief an seinen Assistenten, der ihn beauftragt hat, seinen Bruder Strauch zu beobachten und ihm über seine Beobachtungen Bericht zu erstatten, sagt der Famulant: „Er [Strauch] ist *nicht* Wahnsinnig! (Verrückt?) Nein, auch nicht verrückt. ‚Anklänge an den Tod' seien es, die in seinem Gehirn Lärm machen" (F, 306).

Im Unterschied zur Verrücktheit ist der Wahnsinn eine Geisteskrankheit, die im Fall des Fürsten eine geistige, philosophische Ausweglosigkeit zeigt. Wenn bei ihm alles dem Gesetz des Zerfalls unterliegt, so entpuppt sich jegliches Dasein und jegliche Existenz als sinnlos.

2.2.2.1 Einöde des Daseins

> „‚Wenn wir einen Menschen suchen' sagte der Fürst, ‚so ist es doch, als gingen wir die ganze Zeit in einem riesigen Leichenschauhaus herum, um ihn zu suchen.' Alle führten nur noch Selbstgespräche, sagte der Fürst, , Wir sind in einem Zeitalter der Selbstgespräche. Die Kunst des Selbstgesprächs ist auch eine viel höhere Kunst, als die Kunst des Gesprächs' sagte er. ‚Aber Selbstgespräche sind genauso sinnlos wie Gespräche' sagte der Fürst , wenn auch viel weniger sinnlos'" (V, 138).

In einem verabsolutierten Ton charakterisiert der Fürst die Verlorenheit des Einzelnen als ein vergebliches Suchen nach einem Gegenüber, das die Verständigung ermöglicht und die Kommunikation garantiert, was den Menschen zum Menschen macht. Mit einem „riesigen Leichenschauhaus" wird die Welt gleichgesetzt, in dem alle Selbstgespräche[71] führen, um jenen ‚Weltzustand' der Kommunikationslosigkeit aufzuzeigen

[71] Im Zusammenhang eines schriftstellerischen Versuchs über das private Denken und das öffentliche Sprechen sagt Martin Walser über das Selbstgespräch, das ihm als das Gegenteil von Auftrittssprache erscheint: „Je deutlicher mir ist, dass das, was in mir abläuft, kein Mensch von mir erfahren wird, desto mehr ist das, was da abläuft, ein Selbstgespräch. Auch dann, wenn sich diese Innensprache an den und jenen oder gegen den und jenen wendet. Im reinen Selbstgespräch muss ich nicht Recht haben, muss ich nichts beweisen, muss ich mich nicht um Unmissverständlichkeit bemühen. Ideal wäre: vor anderen zu sprechen wie mit sich selbst. Das wird nie der Fall sein. Träumen könnte man davon: vor anderen zu sprechen, aber nicht zu ihnen. Den Adressierton vermeiden." In: Die Zeit, Nr. 3/2000. Internetadresse: www.archiv.ZEIT.de/ daten/pages/200003.walser-selbstg.html.

und durch den eigenen Tod, in unaufhörlicher Selbstgesprächigkeit den Tod aller hervorzuheben.

Bei völliger Bewusstheit eines Fehlens des adäquaten Gesprächspartners, wird das Selbstgespräch so perfektioniert, dass es sich zu einer Kunst erhebt, die das fest verankerte Schweigen durch die Zwiesprache mit sich selbst überbrückt. Aber diese Behauptung erfährt ihre gleichzeitige Aufhebung, indem sich das Selbstgespräch als eine völlige Sinnlosigkeit entpuppt, um wieder in Sprachlosigkeit zu verfallen.

Im Moment, wo sich die Kunst des Gesprächs ebenfalls als sinnlos erweist, um auf die Unmöglichkeit der Kommunikation mit der Außenwelt hinzudeuten, wird das Selbstgespräch, als eine daraus resultierende Notlösung, zur letzten Ausdrucksmöglichkeit eines mitten einer todgeweihten Welt existierenden Menschen. Zwar gibt der Fürst zu, dass es notwendig ist, sich auf ein Gespräch einzulassen, „‚weil man plötzlich Angst hat, ersticken zu müssen'", aber sofort stellt er fest, dass sein Gesprächspartner der Vernichter seiner Person ist: Entweder tut sein Gesprächspartner alles, „‚um einen zu diffamieren'", oder er „‚versucht, mich in seinen eigenen Abgrund hinunterzustoßen, nachdem ich meinen eigenen Abgrund gerade erst überwunden habe'" (V, 138).

Gedrängt in die Zwickmühle, zwischen sein Mitteilungsbedürfnis und sein Misstrauen gegenüber seinem Gesprächspartner, erfährt das Ich seine letzte Rettung in einer einsetzenden Verständigung mit sich selbst, in der alle diffamiert werden. Denn für den Fürsten ist die Selbstgesprächskunst „‚die grauenhafteste Diffamierungskunst'" (V, 139). [72]

Insofern entzieht sich das Sprechen jeglicher Mitteilungsfunktion und wird zum Instrument der Darstellung und der Illustrierung des Zerfalls eines Mitteilungsaktes.

---

[72] Vgl. diesbezüglich, wie der Fürst über die Bewerber um den Verwalterposten redet. (V, 78 – 100).

2.2.2.2 Geistloser Gesprächspartner

> „‚Gleich, worüber ich mich mit wem unterhalte', sagte der Fürst, ‚ich bin immer *dadurch*, daβ ich mich mit jemandem unterhalte, am Ende'" (V, 139).

Das Sich-Einlassen auf ein Gespräch bedeutet für den Fürsten das Ende des Ich. Also nur scheinbar handelt es sich um ein Gespräch, wo der Fürst im selben Moment *dadurch* seine Vernichtung erleidet. Das äuβerlich formale Sprechen und das gleichzeitig innerlich festgestellte Schweigen sind tief auseinanderklaffende Momente, die auf einen Zustand der Absurdität jeglichen Gesprächs hindeuten. Das lässt sich besser erklären, wenn man nicht auβer Acht lässt, dass der Fürst Geisteskontakte sucht, und dass sein Ansprechpartner dies nicht erlaubt. „‚Auβerhalb der Köpfe ist nichts'", sagt der Fürst und behauptet somit die Geistlosigkeit seines Gesprächspartners, der in „‚de[m] *Ein*kaufs- und de[m] *Ver*brauchsinstinkt'"(V, 139)[73] ein absurdes Dasein führt. Aus dieser Unmöglichkeit des Gesprächs als Ausdruck der Unmöglichkeit einer Gemeinschaft resultiert ein Individualismus, der zum Solipsismus tendiert und sich in einer Sprache des Schweigens Artikuliert.

2.2.2.3 Die Gedanken: Gesprächspartner

> „Wenn ich allein zum Beispiel durch den Hochwald gehe, habe ich doch immer einen Partner, der mit mir geht, immer einen der Thematik, die mich beschäftigt, entsprechenden, einen den Umständen entsprechenden. Man sieht ihn nicht, aber er ist mir *hörig*. Ich habe nie einen besseren Gesprächspartner gehabt als mich selbst" (V, 159).[74]

Nichts anderes als das eigene Denken und die eigenen Gedanken sind der Gesprächspartner des Fürsten, der besonders ein *Hör*partner ist. Das scheinbare Selbstgespräch illustriert eine ‚Diskussion', einen ‚Gedankenaustausch' mit der eigenen Person. Als ein schöpferisches Moment wird der Zustand des Alleinseins bewertet, in dem der Fürst

---

[73] Hervorhebungen im Originaltext.
[74] Hervorhebung im Originaltext.

beim Spazierengehen seine Gedanken über ein nie im Voraus bestimmtes Thema entwickelt. Durch das Sprechen mit sich selbst erfährt dann das Denken seine gleichzeitige Konkretisierung. Was im Kopf des Fürsten vorgeht findet seine Widerspiegelung in einem besonderen Sprechakt, der nicht mehr danach trachtet, etwas mitzuteilen oder Sinnzusammenhänge herzustellen. Das Sprechen, das sich hier jeglicher Logik entzogen hat, ist mit dem Denken strukturidentisch. Das Sprechen wird zu einer reflektierenden Fläche, auf der der Fürst Saurau facettenhaft seine Innenwelt immer wieder neu reproduziert.

Der Monolog des Fürsten, der hier über sein eigenes Sprechen reflektiert, stellt an sich diesen Wechsel von einem Gedanken zu einem anderen dar. Sein bruchstückhaftes Sprechen bzw. Denken erlauben keine Entstehung einer zusammenhängenden Geschichte, die diskursiv erzählt werden soll.[75]

2.2.2.4 Sprechen: Sich verständlich machen

In einem Moment der Reflexion über seinen eigenen Zustand stellt der Fürst sein unaufhörliches Sprechen mit sich selbst als einen Versuch dar, sich verständlich zu machen: „„Jahrzehntelang habe ich mich bemüht, mich verständlich zu machen, solange

---

[75] In seinem programmatischen Text „Pour un nouveau roman“ gelangt Alain Robbe-Grillet zum Ergebnis, dass „Raconter est devenu proprement impossible.“ Zwar bilden die klassischen Elemente, Geschichte und Handlung, noch die Form des modernen literarischen Werkes, aber die Art und Weise, wie der moderne Autor mit ihnen umgeht, beinhaltet die Idee der Zerstörung eben dieser Elemente: „Les livres de Proust et de Faulkner sont en fait bourrés d'histoires; mais chez le premier, elles se *dissolvent*, pour se recomposer au profit d'une architecture mentale du temps; tandis que, chez le second, le développement des thèmes et leurs associations multiples bouleversent toute chronologie au point de paraître souvent réenfouir, noyer au fur et à mesure ce que le récit vient de révéler. Chez Beckett lui-même, il ne manque pas d'événements, mais qui sont sans cesse en train de se contester, de se mettre en doute, de se détruire, si bien que la phrase peut contenir une constatation et sa négation immédiate.“ Robbe-Grillet plädiert für die Befreiung der Literatur von Referenzen und vom Da-Gewesenen zugunsten einer neuen Schreibweise, die die Welt darstellt, wie sie *ist*: „Dans les constructions romanesques futures, gestes et objets seront *là* avant d'être *quelque chose*.“ In: Alain Robbe-Grillet: Pour un nouveau roman, 1956, S. 23 – 38. Ferner sagt Michel Foucault: „An der Grenzlinie des Todes reflektiert sich das Sprechen. [...] Um den Tod aufzuhalten [...] hat es nur eine Möglichkeit: in sich, in einem Spiel mit Spiegeln, das selbst keine Grenzen hat, sein eigenes Bild entstehen zu lassen.“ In: Michel Foucault: Schriften zur Literatur, München 1974, S. 91.

ich lebe, ist es nichts anderes als ein Michverständlichmachen, das mich auffrißt. [...] Jetzt versuche ich, mich *Ihnen* verständlich zu machen, Ihrem Sohn'" (V, 185).[76]
Der Wunsch nach Verständigung und Kommunikation wird nicht erfüllt. Das *unaufhörliche* Sich – verständlich – Machen zeugt einerseits vom Scheitern eines Mitteilungsaktes und anderseits von einer geistigen Auffassung, die lediglich nur durch dieses Sich – verständlich – Machen zu ‚existieren' scheint. Denn nur dadurch kann der Fürst sich selbst als Denkenden erfahren. Damit ist gleichzeitig auch der Versuch verbunden, die Welt, die Gesellschaft, die Natur, die Krankheit, den Tod, das Leben, die Existenz und den Menschen zu verstehen. Diese innerlich verspürte Notwendigkeit, sich den anderen verständlich zu machen, zielt nicht mehr auf ein angebliches Kommunizieren, sondern auf die Darstellung eines zum Zerfall verurteilten Denkens, das sich durch einen besonderen Sprechakt manifestiert.
Der Monolog des Fürsten, der hier dem Arzt und dem Sohn (dem Berichterstatter) sich verständlich zu machen versucht, wird, als wiedergegebene Rede, zum Beweis, ein schon zerstörtes Denken aufzuzeigen, um einen Zustand der geistigen Ausweglosigkeit hervorzuheben: „Im Gespräch, im Selbstgespräch, heben wir alles immer angestrengter aus der Finsternis herauf und ziehen es als Beweis heran, wir existieren ja in Beweisen, und verlieren es wieder an die Finsternis" (V, 165), sagt der Fürst.

2.2.2.5. Geistige Heimatlosigkeit

Dem monologischen Sprechen des Fürsten entsprechen grundlegende Themen, deren Mittelpunkt und letzter eigentlicher Gegenstand sein eigenes Ich ist. Mit solchem Bezug auf die eigene Person zielt der Sprechende aber nicht auf eine gewisse Selbstbestimmung bzw. -Rettung. Vielmehr wird das Sprechen zum Träger einer Krise, die sich im Zerfall auflöst.

> „‚Notwendig ist', sagte der Fürst, ‚daß das Bild der Welt, gleich wie und wann immer, von uns zerstört wird, daß alle Bilder von uns zerstört *werden.* '" (V, 167 f.).[77]

---

[76] Hervorhebung im Originaltext.
[77] Hervorhebung im Originaltext.

Zum Sinnzentrum seiner Existenz macht der Fürst die Zerstörung aller Weltbilder und Weltdeutungen und erhebt diesen Vorgang in den Rang einer existenziellen Notwendigkeit. Mit dem Wort „Bild" drückt sich eine bestimmte philosophisch-religiöse Weltanschauung aus, die dem Menschen ermöglicht, sich in der Welt zu orientieren und dementsprechend seine Existenz zu deuten. In dieser Haltung der Negation aller Weltinterpretationen bekennt sich der Fürst zu jenem Existenzbegriff, der der eigenen geistigen Entfremdung Ausdruck verleiht. In seinem dauernden Beharren auf die Vernichtung aller Weltbilder zeigt sich auch seine totale Ablehnung aller bisherigen abgewirtschafteten kulturellen Inhalte. Das in der obigen Textstelle durch Kursivschrift hervorgehobene Wort „werden" deutet auf den programmatischen Hauch eines solchen Zerstörungsprozesses, als auch auf den in der Zukunft zu vollziehenden Gestus, hin. Das lässt sich besser erklären, wenn man darauf bedacht ist, dass der Fürst das Systematische, als fertiges Produkt des Denkens, negiert:

> „‚Das Denken wird immer als ein kürzer oder länger bewohnbares Gebäude dargestellt, jedermann spricht von *Denkgebäude*, in welchem alles, die Philosophen und ihre Gläubiger, mehr oder weniger aufgeregt aus und ein geht. Das Denken aber kann man nie *darstellen.* Mir ist mein Denken: Geschwindigkeiten, die ich nicht sehen kann'" (V, 173).[78]

Hier drücken sich zweierlei Verständnisse des Denkens aus. Im ersten handelt es sich um ein in sich geschlossenes und logisch gebautes Denken, das ein bestimmtes Ziel anstrebt. Im zweiten geht es um ein nicht wahrzunehmendes Denken, das dem Gesetz der Blitzartigkeit unterliegt.

Das statische Element kritisiert der Fürst Saurau an diesem zu einem Denkgebäude sich verfestigten Denken als in Form von Philosophie erscheinender Weltdeutung. In diesem Vernichtungsdrang aller bisherigen und kommenden Welt-Interpretationen kristallisiert sich ein besonderes Moment der geistigen Heimatlosigkeit heraus, die im Folgenden im Begriff des Alleinseins näher umrissen wird:

---

[78] Hervorhebung im Originaltext.

> „Immer befindet sich der Denkende in einem riesigen Waisenhaus, in welchem ihm ununterbrochen bewiesen wird, daβ er elternlos ist. Wir sind alle elternlos, niemals einsam, aber immer allein. Wir bilden jetzt schon lange Zeit eine Weltfremdenlegion des Geistes, alle zusammen'" (V, 168).

Von wichtiger Bedeutung ist hier das Wort „elternlos". In diesem Zusammenhang handelt es sich selbstverständlich nicht um die biologischen, sondern um die geistigen Eltern. Den biologischen Eltern ist naturgemäß Schutz und Liebe ihrer Kinder zugesprochen. Demselben Schema entsprechend sollten die geistigen Eltern dem denkenden Individuum Orientierung in der Welt gewährleisten. Aber die zu einem Weltzustand verabsolutierte Elternlosigkeit aller Denkenden deutet unweigerlich auf das Scheitern bisheriger Weltbilder hin. Die Losbindung des Denkenden von der geistigen Elternschaft, von den den eigenen Geist abtötenden Weltdeutungen, hat im Wahnsinn und im Schweigen ihren Ersatz. Das verwaiste Ich ist, wie oben behauptet wird, nicht einsam, aber allein. Sein Alleinsein ist vielmehr ein selbstgewählter Zustand.[79] Die „Weltfremdenlegion des Geistes" besteht nicht aus geistesverwandten Denkenden, sondern eher aus geistig Alleinseienden („„Schlieβlich sterbe der Sohn seinem Vater *nach*, in einem Alleinsein, in welchem nur noch im eigenen Gehirn aus- und einzugehen ist [V, 132]).[80]

> „„Le silence éternel de ces espaces infinis m'effraye...', sagte er [der Fürst] " (V, 161).

Der hier Pascal zitierende Fürst[81] setzt erneut den Akzent auf eine schon von diesem Philosophen empfundene kosmische Leere.

Pascals Aussage, die solches schauderhafte, ewige Schweigen des unendlichen Kosmos hervorhebt, kritisiert jenes wissenschaftsgläubige Zeitalter, dessen Vernunftdenken jegliche Art von Offenbarung ablehnt. In jener Erkenntnis, aus der sich die vollständige

---

[79] Vgl. in diesem Zusammenhang die Ausführungen von Sahbi Thabet in seinem Aufsatz: Choreographie des Alleinseins. Zur Poetik des Raumes in Thomas Bernhards erzählender Prosa. In: Wirkendes Wort 2, Trier 2001, S. 262.

[80] Hervorhebung im Originaltext.

[81] Der Maler Strauch in Frost, der auf Spaziergängen „seinen" Pascal in der Rocktasche mit sich führt, beklagt sich über die Vorstellung der „vielen unendlichen Räume", die ihn „immer zu zerstören beabsichtigt" (F, 175 f.).

Nichtigkeit des Menschen herauskristallisiert, ist für Pascal der christliche Glaube die Rettung[82]. Das Rätsel des Menschen kann, nach Pascal, nur die Religion erklären.
Diese seitens Saurau wiederholte Bestätigung desselben Sachverhaltes sollte man aber nicht als eine Übereinstimmung mit dem Denken Pascals betrachten. Vielmehr deutet sie auf die für die eigene Person verloren gegangene Gottesbotschaft Pascals hin. Die Distanzierung des Fürsten von der Lehre Pascals, die sich hier für ihn als unergiebig erweist, kippt in einen religiösen Nihilismus um. [83] Die damit verbundene Sinnentleerung des Daseins und die schmerzlich empfundene Anonymität des Subjekts, dessen Fragen antwortlos bleiben, werden seitens des Fürsten als ein allgemeinmenschlicher Zustand verabsolutiert.
Als Motto von *Verstörung* („Das ewige Schweigen dieser unendlichen Räume macht mich schaudern"[V, 5]), gewinnt diese Aussage doch eher einen spezifischen Charakter. Ihre Voranstellung am Anfang des Romans ist mit jenen besuchten Räumlichkeiten des ersten Teils in Verbindung zu bringen. Als Sammelort aller Räume des Verbrechens, der Krankheit und der Verständnislosigkeit, wird die Dorfwelt aus der Sicht des Fürsten zu einem „‚unterirdische[n] Reich der Qualen'" (F, 285), sie wird als Gesamtraum des Todes und des Schweigens demaskiert. Ebenfalls ist Hochgobernitz die Kulisse der

---

[82] Pascal sagt: « Comme je ne sais d'où je viens, aussi je ne sais où je vais; et je sais seulement qu'en sortant de ce monde je tombe pour jamais ou dans le néant, ou dans les mains d'un Dieu irrité, sans savoir à laquelle de ces deux conditions je dois être naturellement en partage. Voilà mon état, plein de faiblesse et d'incertitude [...] ». In: J. –Roger Charbonnel (Hrsg.): Pascal, Pensées et Opuscules, Paris VI 1934, S. 58.

[83] Der durch das szientifische Weltbild verursachte kosmische Schock über die Unendlichkeit des Alls, bewirkt bei Bernhards Figuren eine negative Betrachtung der Wissenschaft und eine tiefgreifende religiöse Erschütterung. Über solche destruktive Macht der Wissenschaft sagt der Kunstmaler Strauch in *Frost*: „[...]Wie doch alles zerbröckelt ist, wie sich doch alles aufgelöst hat, wie sich doch alle Anhaltspunkte aufgelöst haben, wie jede Festigkeit sich verflüchtigt hat, wie nichts mehr da ist, sehen Sie [der Famulant], wie aus den Religionen und aus den A-Religionen und aus den in die Länge gezogenen Lächerlichkeiten aller Gottesanschauungen nichts geworden ist, gar nichts, sehen Sie, wie der Glaube sowie der Unglaube nicht mehr da sind, wie die Wissenschaft, wie der Stein des Anstoßes, das jahrtausendealte Vorgericht, alles hinausgeworfen und hinauskomplimentiert und hinausgeblasen hat in die Luft, wie das alles jetzt Luft ist...Hören Sie: alles ist nur mehr Luft, alle Begriffe sind Luft, alle Anhaltspunkte sind Luft, alles ist nur mehr Luft...'" (F, 152 f.). Und an einer anderen Stelle heißt es: „‚[...] Religion [ist], sehen Sie: mein Baum, mein Stock, meine Lunge, mein Herz, meine Schweigsamkeit, meine Achtsamkeit, meine Verkrüppelung...'" (F, 286 f.). Vgl. diesbezüglich die Ausführungen von Erich Jooß: Aspekte der Beziehungslosigkeit. Zum Werk Thomas Bernhards. Drei Studien zum Monolog des Fürsten in Thomas Bernhards Roman „*Verstörung*", Selb 1976, S. 67.

„„Geometrie der Zerwürfnisse, Zweifel, Leiden, schließlich der Qual'" (V, 178) des Fürsten.

Die Entwertung der Philosophie, die sich hier an der Abwendung von Pascals Lehre zeigt („„Die Analogien sind tödlich'"[V, 103]), ist noch an folgender Aussage des Fürsten besser zu verfolgen:

> „„Und die Philosophen, mein lieber Doktor, führen uns ja auch immer durch ein Museum, das wir schon in- und auswendig kennen, bis in die kleinsten Einzelheiten hinein ist uns dieses Museum bekannt. [...] Von allen Philosophien wird immer behauptet, daß sie Fenster aufmachen und Luft in das Museum hereinströmen ließen, *frische Luft, frische Luft*, Doktor. Aber in Wahrheit ist es seit Kant keinem einzigen mehr gelungen, das Museum zu lüften, keinem einzigen, das versichere ich Ihnen! Seit Kant ist die Welt eine ungelüftete Welt!'"(V, 164).[84]

In der Rekurrenz auf das Bild des Museums, als Ort der Bewahrung des Veralteten und Überholten, hebt der Fürst unmittelbar metaphorisch den gegenwärtigen Tod der Philosophie hervor. Diese sich für ihn als unergiebig erweisenden Weltanschauungen kündigen die völlige geistige Orientierungslosigkeit des Denkenden an. Die besondere Hervorhebung des Philosophen Kants ist in diesem Zusammenhang von großer Bedeutung. Denn in Bezug auf die Wirklichkeitsauffassung des Fürsten zeigt sich, dass sein eigenes Ich letztendlich der einzige Bezugspunkt seiner Weltdeutung ist. Die absolut gesetzte Subjektivität des Fürsten beruft sich hauptsächlich auf Kants System, das das Ich, wie Dieter Heinrich sieht, „zum ‚höchsten Punkt' der Transzendentalphilosophie, an den zunächst die ganze Logik und nach ihr die Lehre vom Erkennen der Gegenstände geheftet werden muß"[85], machte. Die Erkenntnis ist auf die kategoriale Anschauungs- und Denkformen des Ich zurückzuführen. die Saurausche radikal gesetzte Subjektivität kippt aber in das Gegenteil von Kants Lehre um. Das esoterische Sprechen des Fürsten dreht sich letztendlich um das eigene Ich und um „die Welt im Kopf, die die Welt

---

[84] Hervorhebung im Originaltext.

[85] Dieter Heinrich : Fichtes ursprüngliche Einsicht, Wissenschaft und Gegenwart, Heft 34, F.a.M. 1967, S. 10.

außerhalb des Kopfes"[86] ersetzt. Aber die in der obigen Textstelle unterstrichene Bedeutung des Philosophen Kants und seiner Lehre („‚Aber in Wahrheit ist es seit Kant keinem einzigen mehr gelungen, das Museum zu lüften, keinem einzigen, das versichere ich Ihnen!'"), die ihn als den größten Aufklärer, der „‚Fenster aufmach[t]'", erscheinen lässt, erfährt letztendlich ihre Aufhebung, in der Zweideutigkeit des Satzes („‚Seit Kant ist die Welt eine ungelüftete Welt!'"). Darin entpuppt sich Kant ebenso als Anhänger des Obskurantismus.

Diese im Saurauschen Monolog auch unter dem Begriff „Lehrer" gesondert hervorgehobenen Philosophen[87] und die völlige Entfremdung ihrer Lehren betonen lediglich den Zustand der Verwaisung des Denkenden, in dessen Bruch mit den überlieferten Weltbildern, seine geistige Heimatlosigkeit herauszulesen ist: „‚Unsere Lehrer sind tot und haben sich durch *ihren immer sehr frühen Tod* der Verantwortung entzogen. Unsere Lehrer haben uns allein gelassen. Es gibt keine zukünftigen Lehrer und die vergangenen sind tot'" (V, 167).[88]

---

[86] Jooß, (zit. Anm. 83), S. 71.

[87] Neben Kant und Pascal wird auch Schopenhauer erwähnt. Vor seinem Selbstmord reißt der Vater des Fürsten aus dem Hauptwerk Schopenhauers „*Die Welt als Wille und Vorstellung*" (V, 155) die entscheidenden Seiten heraus und isst sie auf. In jenem Gestus zeigt sich hier auch die Abwendung des Vaters von Schopenhauers Lehre. Vgl. diesbezüglich die Ausführungen von Erich Jooß. In: Jooß, (zit. Anm. 83), S. 72 f.

[88] Hervorhebung im Originaltext.

2.2.3 Form monologischen Sprechens

> „[...] ‚Ich denke' sagte der Fürst, ‚das ist mir unerklärlich, daß auf mein Inserat schon am ersten Vormittag drei Bewerber gekommen sind. Was sagen Sie, lieber Doktor, drei Bewerber am ersten Vormittag auf ein lächerliches Inserat in einer lächerlichen Zeitung, in einem ganz lächerlichen Stil abgefaßt? Was sagen Sie? Ich sage zum Huber', sagte der Fürst, ‚der Drack hat sich ganz auf Parkett umgestellt, nicht wahr? Er macht keine Schiffböden mehr. Mit Ausnahmen, sage ich. Ausnahmen macht er, sagt Huber. Ich denke, daß mein Inserat ein schlechtes Inserat ist. Warum aber melden sich auf ein schlechtes Inserat gleich drei Bewerber am ersten Vormittag? Rätselhaft. Rätselhaft!' sagte der Fürst" (V, 93).

Auf der Suche nach einem Verwalter für seinen Besitz, bildet das Inserat, das der Fürst abgefasst hat und in einer Zeitung erschienen ist, ein zentrales Thema seines Sprechens. Diese Textstelle, die nur als Beispiel angesehen werden muss, steht stellvertretend für die Auseinandersetzung des Fürsten mit dieser Thematik, die sich über mehr als zwanzig Seiten des Romans ausdehnt.

Im Grunde scheint der erwähnte Fall nicht von großer Bedeutung zu sein. Die Bewerber, die sich für den Verwalterposten meldeten, sind mit dem Inserat in Zusammenhang zu bringen. Was aber daraus problematisiert wird, ist das vorschnelle Erscheinen der Bewerber, die für ein ‚lächerliches' Inserat großes Interesse zeigten.

Das Sprechen bemüht sich hier um die Darstellung jener Situation der Merkwürdigkeit, die das Denken des Fürsten noch beschäftigt. In der Rekurrenz des vergegenwärtigenden Sprechens des Gedachten und Gesagten kristallisiert sich ein Moment heraus, indem das Denken und das Sprechen den zeitlichen Rahmen sprengen und so als ein immer Da-seiendes verabsolutiert werden. Das nochmalige sich Hineinversetzen in das schon Gedachte und Gesagte und seine Wiedergabe in einer disproportionalisierten Zeitform dient dem sprechenden Fürsten dazu, sich mit diesem Fall auseinanderzusetzen. Insofern wird das Sprechen zu einem Prozess, in dem der Gedanke an Konturen gewinnt und aus dem neue Erkenntnisse gewonnen werden. Daher zielt das Sprechen, das den Außenstehenden nicht zum Ziel setzt, nicht auf das Mitteilen von Sachverhalten. Viel mehr ist der Außenstehende Vorantreiber der eigenen Gedanken und des eigenen Sprechens. Wenn sich der Fürst hier in so einem schnellen Sprechtempo artikuliert und aufdrängende Fragen stellt, zielt er nicht auf eine mögliche Antwort oder

Erklärung seitens des Arztes. „Was sagen Sie, lieber Doktor?" scheint hier eher die Situation der Fragwürdigkeit noch zu betonen. Denn sofort redet der Fürst weiter, ohne auf seine gestellten Fragen eine Antwort zu erwarten. Die Fragekette über den gleichen Sachverhalt lässt den Eindruck entstehen, dass hier wohl und von vornherein keine Antwort erwartet wird. Was am Anfang „unerklärlich" ist, bleibt am Ende „rätselhaft". Die sprachliche Variation der gleichen Frage ermöglicht keine Hellsicht. Die Frage bleibt offen. Diese Sprechform, die sich eines Fragestils bedient, begründet die monologische Grundhaltung des Fürsten, der im partnerlosen Sprechen die angemessene Sprechform erkennt.

3. DIE UNZULÄNGLICHKEIT DER SPRACHE

Sprechen und Denken[89] sind beim Fürsten nicht zu trennen. Denken wird nur in sprachlicher Form greifbar. Indem der Fürst als eine unaufhörlich mit sich selbst sprechende Figur erscheint, ist eine nie endende Denkbewegung festzustellen. Durch das plötzlich einsetzende Sprechen, drückt sich seine Geistigkeit aus. Zwar deutet sein Sprechakt auf eine fragwürdige Situation hin, in der das Sprechen aus seiner angeblichen Funktion heraustritt, aber ihm scheint es, die angemessene Sprachform zu sein, sich als Denkender zu ‚hören'.

Eine weitere Kategorie, die zum Denken korreliert, ist das *Gehen*. Während seines Monologisierens erscheint der Fürst fast nur als Gehender. „Abwechselnd auf der inneren und auf der äußeren Mauer" gehend, entwickelt er seine Gedanken, die zu Gedankengängen werden. Durch diese Bewegungsmetaphorik wird auch die Denkbewegung des Fürsten angedeutet. Gehbewegung und Denkbewegung sind untrennbar

---

[89] Über das Verhältnis von Sprache und Denken schreibt Friedrich Georg Jünger in einem Aufsatz unter dem Titel Wort und Zeichen: „Indem unser Denken der Sprache selbst gilt, bleiben wir in ihrem Bereich; was sie uns zu erkennen gibt, ist nicht außerhalb, sondern in ihr. Es ist ein alter, zäher Streit, ob Vernunft vor der Sprache oder Sprache vor der Vernunft ist, und seine Prüfung mag zu der Einsicht führen, daß er wenig abwirft.[...] Das Denken gründet in der Sprache, die Sprache im Denken, und wo Wörter, Gedanken, Begriffe enden, dort ist wenig oder nichts mehr, das wir ergründen könnten. Verlassen wir den Bereich der Sprache, wenn unser Sprechen endet? Nein, auch wenn wir schweigen, sind wir nicht außerhalb ihres Bereiches. Das wortlose Selbstgespräch, der schweigende Monolog wird in der Sprache geführt." In: Sprache und Wirklichkeit, Essays, München 1967, S. 199. Ferner: „Unter Sprache ist wohl eher ein festes System von Zeichen zu verstehen, mit dessen Hilfe nicht nur kommunikative Vermittlung, sondern auch der egozentrische Prozess der (Selbst-) Bewusstwerdung geleistet werden kann, während Sprechen als je einmaliger Vorgang der Verlautbarung aufzufassen ist, bei dem heute vor allem auch die soziale Funktion für wichtig gehalten wird. Beides, Sprache und Sprechen, sind aber nicht nur zentrale, sondern so komplexe und vielseitige Erscheinungen, dass sich bis heute keine allgemein anerkannten Definitionen ergeben haben. Das gilt auch für Denken." In: http://www.netschool.de/deu/schulw/oberst/gloss_d.htm. Ferner: Der Einfluss von Wittgenstein auf das Schreiben Bernhards ist immer spürbar. Wittgensteins Denken entwickelt sich im Sprechen. Es vollzog sich als Prozess. Er systematisierte seine Gedanken im „Tractatus" oder den „philosophischen Untersuchungen", indem er sie gliederte und nummerierte. Sie behalten aber dennoch den Charakter von Thesen oder Aphorismen. Vgl. zit. Anm. 48.

aufeinander bezogen[90]. Somit wird das Denken und das, was es hervorbringt nicht als Erstarrtes, Fertiges verstanden, sondern als noch nicht endender Prozess, als Werden, das sich aus der Situation heraus ergibt.

Die philosophischen Untersuchungen Wittgensteins setzen sich zum Ziel, die Sprache, als Mittel der zwischenmenschlichen Kommunikation, zu bestimmen und ihre Grenzen zu zeigen. Was sich nicht klar aussprechen lässt, hat, nach Wittgenstein, keine Bedeutung. Hierin zeigt sich der Einfluss Wittgensteins auf das Schreiben Bernhards[91]. Denn die meisten Hauptfiguren seiner Prosawerke sind auf der unendlichen Suche nach dem treffenden Ausdruck für ihre Gedanken. Sie ringen mit sich selbst, um eine klare Darstellung des Gedachten zu erreichen. Nach Barthofer gilt Wittgenstein für Bernhard als „paradigmatische Metapher des um Klarheit ringenden, von Finsternis umhüllten Menschen“[92]. Doch ist dieser Ansatz schon zum Scheitern verurteilt. Das Unaussprechliche und wie es Wittgenstein in *Tractatus logico-philosophicus* als das „Mystische“ bezeichnet („Es gibt allerdings Unaussprechliches. Dies zeigt sich, es ist das Mystische“[93]), entzieht sich dem sprachlichen Ausdruck. Und gerade dieser Aspekt wird bei Bernhard zum Sinnzentrum seines literarischen Schaffens. Das Schreiben bzw. das Sprechen werden zum Gradmesser einer unaussprechlichen Innerlichkeit.

---

[90] In der Erzählung *Gehen* werden Gehen und Denken thematisiert: „[...] müssen wir gehen, um denken zu können [...]“ In: Thomas Bernhard: *Die Erzählungen*, F.a.M. 1979, S. 479.

Der Fürsten Vorliebe für „*Spaziergänge ohne ein Wort*“ (V, 135) impliziert eben auch seinen Willen, ungestört seine Gedanken beim Gehen zu entwickeln. Diesbezüglich sagt der Fürst: „[...] Bei diesen Spaziergängen darf, das ist selbstverständlich, lieber Doktor, kein Wort gesprochen werden. Wer sich nicht an diese Regel, auf einem solchen Spaziergang kein einziges Wort zu sprechen, hält, den schließe ich in alle Zukunft von diesen Spaziergängen ohne ein Wort aus“ (V, 135).

[91] Bernhard betrachtet sich selbst als „Wittgensteins Neffe“. Vgl. Thomas Bernhard: *Wittgensteins Neffe*, F.a.M. 1982, (st. 1465).

[92] A. Barthofer: Wittgenstein mit Maske. Dichtung und Wahrheit in Thomas Bernhards Roman „*Korrektur*“. In: Österreich in Geschichte und Literatur, 23. Jg., 1979, S. 203.

[93] Ludwig Wittgenstein: Tractatus logico- philosophicus, F.a.M. 1984, S. 67. Ferner: Vgl. zit. Anm. 48. Ferner: Georg Steiner sagt: „Wittgenstein möchte in die Kategorie des Unausdrückbaren [...] auch die meisten überlieferten Bereiche der philosophischen Spekulationen miteinbeziehen. Die Sprache kann sinnvoll umgehen nur mit einem speziell beschränkten Segment der Wirklichkeit. Der Rest, aber, und das ist wahrscheinlich der größere Teil, ist Schweigen.“ In: Georg Steiner: Sprache und Schweigen, F.a.M. 1973, S. 66.

Im ersten Teil des Romans „*Verstörung*" stoβen wir auf kranke Menschen, die entweder zugrunde gegangen sind, oder am Rande der Vernichtung stehen. An dem Fall des reichen Industriellen hat sich gezeigt, wie unzulänglich die Sprache ist[94], um Geistiges hervorzubringen. Der bewusste Umgang mit der Sprache nimmt sein Ende in dem wiederholten Vernichtungsakt des Geschriebenen. Als Zeichen der totalen Unzufriedenheit mit dem hervorgebrachten geistigen Produkt, werden die Sprache bzw. das Denken problematisiert. Liegt Das Problem an der Sprache? Oder am Denken? Ist das Geschriebene wirklich das Gedachte? Oder ist das Gedachte lediglich eine Versprachlichung? Wird die Sprache zum Verhängnis, weil sie das Denken unterdrückt und das wirklich Gedachte nicht übersetzt? Von solchen Fragen, die vielleicht ein Licht werfen auf die Kernproblematik des Industriellen, haben wir schon einiges beleuchtet und sind zum Ergebnis gekommen, dass das Schreiben seine Bedeutung im Vernichten des Geschriebenen erreicht. Schreiben und Vernichten ermöglichen in solchem Fall die Selbstbegegnung und ein schweigsames Erwerben der Selbsterkenntnis.

Der Landlehrer, der sich als Kind mit seiner Groβmutter in einen „tiefen Wald" (V, 52) völlig verirrt hat und nach zwei Tagen aus dem Wald herauskam, ist in den letzten Tagen seines Lebens schweigsam geworden. Dieses Erlebnis hat ihn „in alle Zukunft" (V, 53) völlig verdorben. Die Natur bedeutet für ihn jetzt nur Verwirrung, Verlorenheit, Angst und Tod. Für die Groβmutter habe das Erlebnis zum schnellen Tod geführt.[95] Die Sprache reicht dem Lehrer nicht aus, der Katastrophe in seinem Kopf zu entweichen: „Wenn der Lehrer redet, konnte man das ganze Unglück seiner inneren Konstitution am

---

[94] Die Unzulänglichkeit der Sprache bei Kleist subsumiert sich in der Unsäglichkeit des Gefühls. In einem Brief an Ulrike schreibt er: «Ach, du weiβt nicht, wie es in meinem Innersten aussieht. Aber es interessiert Dich doch? – O gewiβ! Und gern möchte ich Dir alles mitteilen, wenn es möglich wäre. Aber es ist nicht möglich, und wenn es auch kein weiteres Hindernis gäbe, als dieses, daβ es uns an einem Mittel zur Mitteilung fehlt. Selbst das einzige, das wir besitzen, die Sprache taugt nicht dazu, sie kann die Seele nicht malen, und was sie uns gibt sind nur zerrissene Bruchstücke. Daher habe ich jedesmal eine Empfindung, wie ein Grauen, wenn ich jemandem mein Innerstes aufdecken soll; nicht eben weil es sich vor der Blöβe scheut, aber weil ich ihm nicht *alles* zeigen kann, nicht *kann*, und daher fürchten muβ, aus den Bruchstücken falsch verstanden zu werden [...] » In: Helmut Sembdner (Hrsg.): Heinrich von Kleist. Sämtliche Werke und Briefe, Bd. 2, Darmstadt 1962, S. 625 f. Zitiert nach: Nibbrig, (zit. Anm. 21), S. 101. Ferner ist die Sprache bei Stifter, wie Benjamin konstatiert hat, «ostentativ. Sie ist ein Zurschaustellen von Gefühlen und Gedanken in einem tauben Raum. » In: G. Scholem/ Th. W. Adorno (Hrsg.): Walter Benjamin, Briefe, Bd. 1, F.a.M. 1966, S. 197. Zitiert nach: Ebd. S. 118

[95] In Bernhards *Attaché an der französischen Botschaft* erschieβt sich ein junger Mann, der im Wald „die Orientierung verloren" (P. 71) hatte.

deutlichsten sehen“ (V, 55). In seinem Gesicht habe der Arzt „deutlich die Anklage eines Menschen gegen die Welt gesehen, die ihn nicht verstanden hat“ (V, 52).
Er zieht sich aus der Sprache zurück und entwickelt seine eigene Ausdrucksweise, indem er in die Malerei flüchtet:

> „Das Dämonische, das in den Zeichnungen des Lehrers mehr und mehr zum Vorschein gekommen sei, habe seine Eltern erschüttert. In feinen Linien zeichnete er eine Welt, ‚die eine sich selbst vernichtende Welt ist', die sie verängstigte, je mehr von dieser Welt er ihnen ‚zusammenzeichnete': Zerfetzte Vögel, auseinandergerissene Menschenzungen, achtfingrige Hände, zerbrochene Köpfe, von unsichtbaren Körpern abgerissene Extremitäten, Füße, Hände, Geschlechtsteile, im Gehen [Denken] erstickte Menschen usw.“ (V, 53 f.).

Diese Schreckensbilder sind für den Lehrer nichts anderes als die „Wirklichkeit“ (V, 54). In diesem Zwiespalt zwischen der inneren und der äußeren Wirklichkeit wird das Erleben der Natur nicht mehr möglich. Vielmehr wird hier der Hass gegen die Natur gezeigt und zur eigentlichen Wahrheit hervorgehoben. Nach Van Gogh malt ein Maler, was er empfindet, nicht das, was er sieht: „Was man nicht sieht, läßt sich in Worte umsetzen, während das, was empfunden wird, durchaus auf einer Stufe eintreten kann, die der Sprache vorangeht oder gar außerhalb von ihr liegt.“[96]
Die hervorgebrachten Kunstwerke des Lehrers drücken das aus, was vielleicht für die Sprache unmöglich ist. Die gemalten Bilder werden dann zu einer stummen Sprache, die das Apokalyptische ankündigt.

Sind der Industrielle und der Lehrer im Endeffekt verstummt, so erscheint der Fürst als reines Sprachwesen, um den Gegenpol zu diesen Figuren zu bilden. Denn für den Fürsten geschieht alles in der Sprache und nur durch die Sprache. Unaufhörlich mit sich selbst sprechend, bedient er sich aber einer Sprache, die zum Mittel der Darstellung eines zerfallenen Mitteilungsaktes und einer existenziellen Verlorenheit wird. Als letzter Lebensakt vor dem endgültigen Schweigen, spielt die Sprache für den Fürsten eine rettende und gleichzeitig eine auf den eigenen Abgrund verweisende Funktion.

---

[96] Zitiert nach: Steiner, (zit. Anm. 93), S. 69 f.

In dieser Hinsicht wird die Bedeutung der Sprache nur an ihrer Fähigkeit, das eigene Denken zu übersetzen, gemessen. Das geschieht entweder durch die thematische Akzentsetzung auf das Verhältnis zwischen Sprache und Denken oder durch ein demonstratives Sprechen, das sich darum bemüht, die eigenen Gedanken auszudrücken. Immer wieder rückt der Fürst die Sprache, als Vermittlungsinstanz, in den Vordergrund seiner Reflexionen und zerstört sie als Traditions- und Kulturträgerin, als Lebenssinn stiftendes Mittel und Zusammenhänge schaffendes Material. Jeder angebliche Sinnzusammenhang wird auch dadurch zerstört, indem er einen Gedanken zu Tode paraphrasiert. Seine ans Anschauliche gebundene Reflexion verliert, durch ein ständiges Wiederholen des Gedachten, an Konturen und löst sich im rein Abstakten auf.

3.1. Die Sprache: Ein Kerker

> „Er sei in die Hochgobernitz wie in einen Hohlraum hineingeboren worden, von einer *ahnungslosen Mutter*. Er spreche immer mit Wörtern, die eigentlich gar nicht mehr existieren. ‚Die Wörter, mit welchen wir sprechen, existieren eigentlich gar nicht mehr', sagte der Saurau. ‚Das ganze Wortinstrumentarium, das wir gebrauchen, existiert gar nicht mehr. Aber es ist auch nicht möglich, vollständig zu verstummen [.]'" (V, 146).

In der obigen Textstelle wird der direkte Bezug der Sprache zum eigenen Ursprung thematisiert („Sein Denken [der Fürst] und Handeln sei ihm immer, zeitlebens, ein solches aus seinen Grundstücken heraus gewesen, *aus Hochgobernitz heraus*" [V, 144])[97]. Die Verbindung zwischen Sprache, Ursprung („Hochgobernitz") und Natur („Mutter") bildet an sich einen Komplex, der im Fürstenmonolog auseinander genommen wird.

Ganz besonders wird hier die Problematik der eigenen Existenz hervorgehoben. Angesichts der festgestellten Sinnlosigkeit aller Existenz, entblößt sich auch das sprachliche Mittel als pure Sinnlosigkeit. Sein Hinein-geboren-worden-Sein in Hochgobernitz

[97] Hervorhebungen im Originaltext.

entpuppt sich als ein Hinein-geworfen-worden-Sein in einen „Hohlraum“, in dem die Mutter-Natur keinen Schutz mehr gewährleistet.

In dem obigen Passus verkündet der Fürst den Tod der Sprache und erkennt gleichzeitig ihre zwanghafte Notwendigkeit. Durch Ausdrücke wie „Wörter“ und „Wortinstrumentarium“ werden zwei Bereiche der Sprache angesprochen. Einerseits wird auf den einzelnen Bedeutungsträger der Sprache, nämlich das Wort als Sinneinheit, hingewiesen, anderseits auf den Verwendungsbereich der Sprache als Instrument hingedeutet. Indem der Fürst den Tod der „Wörter“ feststellt, postuliert er unmittelbar den Tod der Bedeutungen. Die „Wörter“, die mit den alten Bedeutungen gefüllt sind, tragen nicht mehr dazu bei, seine eigene Problematik auszudrücken und zu erhellen. Sein Rückzug aus der menschlichen Gesellschaft, als Folge eines gescheiterten Kommunikationsversuchs sowie seine völlige Konzentration auf sich selbst, sind Anzeichen der Verlorenheit einer nicht mehr gespürten Eintracht mit den Menschen.[98] Dadurch verliert auch alles Normale an Normalität und wird nicht mehr zum Bezugspunkt einer notwendigen Rückkehr. In solcher Situation schafft das Ich seine eigene Welt und seine eigene Sprache. Daraus entsteht eine chiffrierte, private Sprache, deren Verwendung nur den Einsamen zugänglich ist („‚In den besten Augenblicken sprichst du eine Sprache’, sagte der Fürst, ‚die jeder versteht, aber es versteht dich niemand’“ [V, 147]). Die Auseinandersetzung mit dem eigenen Ursprung als auch mit der eigenen Existenz vollzieht sich nicht vermittels einer herkömmlichen Sprache bzw. eines herkömmlichen Weltbildes:

> „‚Die Wahrheit ist Tradition, nicht die Wahrheit. Ich habe mich’, sagte der Fürst, ‚nie vergnügen können, nie unterhalten können. Das Buchstäbliche hat mir immer alles vernichtet. Vom Buchstäblichen wird immer alles vernichtet. Und man kann nicht mehr anders, als ins Buchstäbliche hineingeboren werden. Wenn wir den Mund aufmachen, begehen wir Rufmord, gleichzeitig Rufmord und Selbstmord. Aber wenn wir den Mund *nicht* aufmachen, sind wir bald verrückt, wahnsinnig, *nichts mehr*’“ (V, 164 f.) [99]

---

[98]Vgl. Im Moment der Erkenntnis der eigenen Wahrheit ziehen sich Nossacks Figuren aus der menschlichen Gemeinschaft zurück in eine Region absoluter Einsamkeit. Die « Lücke », die « Pause », das « Offene », das « Nichts » und das « Schweigen », die « Leere » und das « Nicht-Versicherbare » sind Begriffe in Nossacks Werk, die seelische Landschaften bezeichnen und Regionen einer Innenwelt ‚über die nur metaphorisch gesprochen werden kann. Ferner: Vgl. diesbezüglich die Ausführungen von Christof Schmid. In : Schmid, (zit. Anm. 55), S. 73.

[99] Hervorhebung im Originaltext.

„Wörter", „Wortinstrumentarium"(V, 146) und „das Buchstäbliche" sind Variationen des gleichen Sachverhalts. Die Sprache als Totalität wird hier in ihre Einzelteile zerlegt, um ihr Wesen zu bestimmen und zu verstehen. In dieser „zeichenhafte[n] Demontage"[100] der sprachlichen Ganzheit wird der Akzent jedes Mal auf einen Teilaspekt des Ganzen gesetzt, dessen Dominanz paraphrasiert wird. Aus den oben genannten Begriffen bildet das *Formale* an der Sprache das Zentrum des Interesses. Als Zeichensystem erscheint die Sprache in Form von Wörtern und Buchstaben und in der Verständigung zwischen den Menschen liegt ihre Gebrauchbarkeit als Instrument, als „Mittel zum Ausdruck bzw. Austausch von Gedanken, Vorstellungen, Erkenntnissen und Informationen, sowie zur Fixierung und Tradierung von Erfahrung und Wissen"[101]. In diesem Prozess der schrittweisen Zerlegung dieser Totalität, wird die Sprache nur noch als Form, als leeres Gehäuse präsentiert.

Eine weitere Kategorie, die eine solche Behauptung untermauert, ist die Rekurrenz auf die *Tradition.* In der Sprache hat sich die Tradition angesammelt und verfestigt. Voller alter Bedeutungen, erlaubt diese Sprache kein Denken mehr und folglich wird der Geist gezwungenermaßen abgetötet:

> „‚Immer gehe ich [der Fürst] hier, von meinen aufgegebenen Studien, von dem aufgegebenen Leben träumend, hin und her. Unabhängig in diesem hochgelegenen Kerker hin und her. Was anderes ist Tradition, als eine perfekt gespielte, aber doch unerträgliche Komödie, die weil sie so unverständlich geworden ist, unser Gelächter einfrieren lässt, in der Luft, *uns* einfrieren läßt? Hier wird ein Schauspiel gespielt, hier ist alles eingefroren usf.'" (V, 177).[102]

In diesen Reflexionen des Fürsten über sich selbst und über seine Umgebung zeigt sich die Dualität zwischen Innen und Außen bzw. zwischen Ich und Welt. „Kerker", „Tradition" und „Komödie" weisen zusammen als Entität auf das wahrgenommene Leben hin. Aus der „Tradition", die zum „Kerker" geworden ist, ist jene Theaterexistenz herauszulesen. Die kerkerhafte Existenz in Hochgobernitz, als Zentrum aller Traditionen, ist, trotz einer davon „unabhängig[en]" Geistigkeit, nicht zu brechen. Das Hin-und-Her-

[100] Thabet, (zit. Anm.38), S.22.
[101] Hadumod Bußmann: Lexikon der Sprachwissenschaft, Stuttgart 1983, S. 475.
[102] Hervorhebung im Originaltext.

Gehen und Denken in diesem Kerker und seine Zerlegung, mittels einer eingekerkerten Sprache, führen letztendlich zu keinen befriedigenden Ergebnissen. Unter dem Begriff der Tradition sind jene traditionsträchtigen Bereiche, wie Kultur, Sprache, Politik usw., zu verstehen. Fest verankert in der Geschichte, erlauben der „Volksstaat", die „Volksgrammatik" und das „Volksfest"[103] keine Befreiung mehr. Zu einem „Selbstbetrug" und „Gefängnis" werden die Traditionen, die „fortwährend dieselben Wörter, Redewendungen" (idH, 7) gebrauchen.[104] In der Ambivalenz zwischen dieser Erkenntnis und dem empfundenen Zwang, diese Sprache zu verwenden, liegt die ganze Problematik des Fürsten. Das Sprechen wird nur noch als „ Rufmord" und „Selbstmord" bezeichnet („„Alles ist Selbstmord. Was wir leben, was wir lesen, was wir denken: Anleitungen zum Selbstmord'" [V,142 f.]). Es ist aber auch ein Sprechen gegen die Verrücktheit und den Wahnsinn. Das Sprechen wird deshalb als Versuch verstanden, das Leben „auszuhalten" (idH, 17): „[...] alles ist Lüge, jeder Beistrich ist Lüge, alles ist nichts als ein fürchterliches Geschwätz, eine Unwichtigkeit, eine Erniedrigung für mich, *aber an diese paar Gedanken klammere ich mich, und um jeden Buchstaben geht es, es geht um jeden Buchstaben und um das Erkennen des Stumpfsinns*" (idH, 28).[105]

In der Ablehnung jener Wahrheit, die zur Tradition geworden ist („„Die Wahrheit ist Tradition, nicht die Wahrheit'"), ist ein geistiger Rettungsversuch zu registrieren[106].

---

[103] Vgl. zit. Anm. 117.

[104] Das Werk von Thomas Bernhard *In der Höhe. Rettungsversuch, Unsinn* besteht aus einem einzigen Satz. Dieser Satz, als sprachliche Entität, erfährt seine Aufhebung, indem er formal in seine Einzelteilen zerlegt wird und thematisch keine Entstehung von Sinnzusammenhängen erlaubt. Das Werk, als Rettungsversuch, entpuppt sich am Ende als Unsinn und bringt das Verfahren, Totalitäten (Vaterland, Tradition, Familie usw.) auseinanderzunehmen zum Scheitern. Insofern zielt das Sprechen bzw. das Schreiben nicht auf das Hervorbringen von Werken, als Entitäten, sondern eher auf den Prozess selbst der Auseinandersetzung mit großen Einheiten. Die hervorgebrachte Unsinnigkeit („Unsinn") macht aus dem Schreib- und Sprechprozess einen gleichzeitigen Schweigeprozess. Schreiben bzw. Sprechen und Schweigen werden hier aber nicht als Gegenpole betrachtet, sondern eher als zwei von einander abhängige Momente. Vgl. diesbezüglich die Ausführungen von Sahbi Thabet in seinem Beitrag: Die Paraphrase der Totalität. Zum Verhältnis von Denken und Sprechen in Thomas Bernhards *In der Höhe*. In: Wirkendes Wort. Deutsche Sprache und Literatur in Forschung und Lehre, WW 2/94, S. 298 f.

[105] Hervorhebung von mir.

[106] Das Schreiben von Büchern schildert Thomas Bernhard als einen Befreiungsakt, der zum Scheitern verurteilt ist: „Ich will mich ja befreien. Das wird hinausgeschmissen, wie von so einem Ballon. Man wirft Sandsäcke ab, das sind die Bücher, da steigt man dann höher. [...] Nun, wenn man freudig links die Säcke abschmeißt und glaubt höherzusteigen, dann schneidet einem ein Felsriff hinten alles auseinander. Oder man hat eine Frau, die hinter einem das Seil durchschneidet, während man selig hinaufschwebt." In: Kurt Hofmann: Aus Gesprächen mit Thomas Bernhard, München 1991, S. 29 f.

Dieser Versuch folgt den Regeln der Vernichtung und des Chaos. Indem der „ganze ungeheuere vernichtende *Wortschatz*" (V, 163)[107] durch einen besonderen Sprechakt fortwährend zerstört wird, optiert der Fürst für ein anderes Sprachverständnis, das zum Gradmesser eines Zerfallsprozesses wird[108]. Die Welt wird nun als Sprachgefängnis verstanden, innerhalb dessen die Sprache ihre kommunikative Kompetenz verliert und letztendlich nur Selbst-kommunikation ermöglicht. „Die Grenzen meiner Sprache sind die Grenzen meiner Welt"[109] sagt Wittgenstein, um auf die Sprachgebundenheit des Denkens hinzudeuten. Insofern vollzieht sich die Kommunikation des Individuums mit sich selbst innerhalb der Grenzen des eigenen Ideolekts und wird zum rotierenden Sprechen bzw. Denken um die eigene Leere und Isolation: „‚Jeder spreche immer eine Sprache, die er selbst nicht versteht, die aber *ab und zu* verstanden wird. Dadurch könne man existieren und also wenigstens *miß*verstanden werden. Gäbe es eine Sprache, die verstanden wird', sagte der Fürst, ‚erübrige sich alles'" (V, 139)[110]. Das Sprechen wird vielmehr als Spiel verstanden, indem der Fürst unendlich und wortmanisch über alles reden kann. Nach der Sprachspielformel Wittgensteins[111] verwandelt sich das in seinem *Tractatus logico-philosophicus* festgestellte Schweigen[112] in ein endloses, theatralisches Spielen mit der Sprache. Aber die „‚Freude am Erfinden von komplizierten, einwandfreien Sätzen'" läuft parallel mit der vom Fürsten innerlich gespürten „Notwendigkeit, alles, was du weißt, einfrieren zu lassen'"(V, 186), um sich aller Gedanken, Worte und Erkenntnisbilder zu entledigen und sich endgültig auszuschalten.

---

[107] Hervorhebung von mir.

[108] In diesem Zusammenhang sagt Steiner: „Um den Bewußtheitsreichtum, der sich der modernen Wahrnehmungskraft auftat, zu artikulieren, suchte eine Anzahl Dichter, aus den überlieferten Grenzen von Syntax und Definition auszubrechen. Rimbaud, Lautréamont und Mallarmé wetteiferten förmlich miteinander, um der Sprache wieder einen beweglich fließenden, bedingten Charakter zu geben. [...] Sie erkannten, daß die traditionelle Syntax unsere Wahrnehmungen in lineare und monistische Bahnen lenkt. Solche eingleisigen Grundmuster verzerren oder ersticken aber das freie Spiel der unterbewußten Kräfte, das tausendfältige Leben im Inneren des Ichs, wie es Blake, Dostojewski, Nietzsche und Freud aufgezeigt haben. Der moderne Dichter bedient sich der Sprache als einer persönlichen Notenschrift, deren Zugang für den Durchschnittsleser zunehmend schwieriger wird. Wo ein Meister am Werke ist, wo die Privatheit der Mittel ein Instrument erhöhter Wahrnehmung und kein bloßer Trick ist, führt es den Leser unumgänglich auf das Werk zu." In: Steiner, (zit. Anm. 93), S. 78 f.

[109] Wittgenstein, (zit. Anm. 92), S. 67.

[110] Hervorhebung im Originaltext.

[111] Vgl. zit. Anm. 48.

[112] Vgl. zit. Anm. 12.

„„Außerhalb der Köpfe ist nichts'" (V, 139) sagt der Fürst. „„Mir ist es, als hätte ich zeitlebens ununterbrochen nur einen einzigen Gedanken gehabt: was für Anstrengungsmöglichkeiten im menschlichen Kopf sind'" (V, 117). In der Beurteilung der Welt drückt sich der Fürst in Sätzen aus, die seinen Hang zur Totalität zeigen. Sein wiederholtes Aufgreifen verschiedener Themen, wie zum Beispiel des Todes, der Krankheit, der Natur, der Sprache, der Familie, der Wissenschaft, der Philosophie, der Kunst usw., und ihre facettenartige sprachliche Zerlegung, zeugt einerseits von einem besonderen Verfahren, dessen höchstes Ziel die radikale Beherrschung dieser Themen ist. Anderseits hebt es jene Problematik der Unvereinbarkeit von Sprechen und Denken hervor. Das unaufhörliche Sprechen, als ein unaufhörliches Auseinandernehmen von Totalitäten, schafft keine Hellsicht. In dieser poetischen Wissenschaftlichkeit, die alles bis zum letzten Detail zu bestimmen versucht und den Rang von Wahrheit und Erkenntnis erreichen möchte, zeigt sich jene Ambivalenz von Innen und Außen. Nach Spinoza wird die Sprache „nicht mehr als ein Pfad zur beweisbaren Wahrheit angesehen, vielmehr als eine Spirale oder eine Galerie von Spiegeln, die den denkenden Verstand an seinen Ausgangspunkt zurückführt."[113] Das kreisförmige Sprechen wird zum Beweis eines unaussprechbaren Denkens. Die vorgenommenen Versprachlichungsversuche eines „Themas", einer „Thematik", einer „Gedanken*strömung*" (V, 117) führen letztendlich zu keinen befriedigenden Ergebnissen: „„Das Denken aber kann man nicht *darstellen*. Mir ist mein Denken: Geschwindigkeiten, die ich nicht sehen kann'"(V, 173)[114], sagt der Fürst. Dieselben „Wörter" (V, 146) zerstören vielmehr das eigene Denken. Im *Kalkwerk* schreibt Bernhard: „Die Wörter sind dazu geschaffen, das Denken zu erniedrigen, ja, er [Konrad] gehe sogar so weit, zu sagen, die Wörter seien dazu da, das Denken abzuschaffen" (K, 115). Einen Halt in der Sprache zu finden, scheint dem Fürsten unmöglich zu sein. Vielmehr betont sie noch die eigene Entfremdung,

---

[113] Steiner, (zit. Anm. 93), S. 66.Vgl. dazu folgende Äußerung Bernhards: „[...] Das weiß ich ja nicht, was die Wahrheit ist, das weiß man ja selbst nicht. Vor allem ist das eine Sache, die ist, wie sie ist und die man beschreibt, das sind ja zwei. [...] In dem Moment aber, wie Sie [Kurt Hofmann] mit stilistischen Mitteln und Sprache drangehen, ist es etwas anderes und auf jeden Fall eine Verfälschung, aber vielleicht eine Annäherung. Wahrscheinlich ist der Wille zur Wahrheit, wahrscheinlich, das Einzige, was man da einsetzen kann, aber die Wahrheit...Eine Beschreibung ist eben nicht die Tatsache, also sie nützt nichts, wie man es auch wendet [...] Jeder, der etwas schreibt, das wäre eine neue Wahrheit." In: Hofmann, (zit. Anm. 106), S. 21 f.

[114] Hervorhebungen im Originaltext.

indem sie das Denken daran hindert, seine eigene Wirklichkeit sprechend zu erfahren: „Tatsache, daβ das, das wir aussprechen, niederschreiben, zehnmal dümmer ist, als das, das wir denken“ (idH, 8). In diesem Auseinanderklaffen zwischen Innen und Auβen, zwischen Idee und Wort, zwischen „Signifiant“ und „Signifié“ [115], von denen F. de Saussure spricht, widerspiegelt sich jenes Moment der Absurdität des Sprechens und des Schreibens. Das in diesem Bruch dokumentierte Schweigen wird zur eigentlichen Sprache und zum letztmöglichen Verständigungsmedium.

Als Folge der verloren gegangenen Einheit von Ich und Welt, sucht der Sprechende nach Kleidung seiner Gedanken in Worte. Das Sprechen wird nur noch Beschreibung und Umschreibung des Zerfalls. Dass gerade alles verstandesmäβig erfasst werden soll, heiβt, das eigene Leben als solches zerstören, „„denn was mich [den Fürsten] betrifft, bin ich in Wahrheit da angelangt, wo die Grenzenlosigkeit zur Gewiβheit geworden ist, in dem Dauerverstörungsgrade des höheren Alters, in der mehr und mehr philosophischen, philosophistischen Vereinsamung des Geistes, in welcher einem fortwährend alles bewuβt ist, wodurch das *Gehirn* als solches gar nicht mehr existiert'“ (V, 117). Weil der Fürst alles erfassen will, werden seine Aussagen widerspruchsvoll. Insofern hebt eine Aussage die andere auf und verwischt sämtliche Spuren der anfänglichen, radikal aufgestellten Behauptung. Um auf jenes Moment der Gleichzeitigkeit und Reziprozität von Sprechen und Schweigen hinzudeuten, schreibt Bernhard in *Alte Meister*: „*Einmal* sind wir Redekünstler, *einmal* Schweigekünstler“[116] (Am, 187). Die hier durch das Wort „einmal“ angezeigte Gleichsetzung von Sprechen und Schweigen macht aus scheinbaren Gegensätzen eine Einheit.

3.2. Der Zitatcharakter der Sprache

Im Zweiten Teil des Romans wiederholt sich im Grunde das, was im ersten Teil dargestellt wurde. Die leidenden Figuren des ersten Teils bilden an sich konkrete Beispiele des abstrakten Sprechens des Fürsten. In seinem Wahnsinn subsumieren sich die verschiedenen Verstörungen der Dorfbewohner: Leiden an der Geistlosigkeit, an der

---

[115] Buβmann, (zit. Anm. 101), S. 68.
[116] Hervorhebungen von mir.

Brutalität, am Stumpfsinn und an der Verständnislosigkeit ihrer Umwelt. Der titellose erste Teil, als Ausdruck einer völligen Anonymität, erhält seine wichtige Bedeutung für die ganze Romankonzeption erst durch den mit „Der Fürst“ betitelten zweiten Teil. Der scheinbare formale Bruch mit dem ersten Teil des Romans und die Hervorhebung der Person des Fürsten als Titel markieren einen Neuanfang als absichtliche Akzentsetzung auf einen Krankheitsfall, der von den anderen übrigen Krankheitsfällen zu unterscheiden ist. Der zweite Teil des Romans erscheint somit als eine Adresse und Orientierungspunkt für den im Wald des ersten Teils verlorenen Lesers. Doch ist diese formale Hervorhebung an sich trügerisch. Denn über nichts anderes als über Entfremdung, Kälte, Isolation, Angst und Tod spricht der Fürst darin. In seine finstere Welt hineingetaucht, garantiert er seinem Zuhörer bzw. Leser keine Orientierung. Sein reflektiertes, sezierendes Sprechen mit sich selbst kreist stets um dieselben Themen, die im ersten Teil des Romans erwähnt worden sind.

In dieser Wiederholungsstruktur bildet die Dorfwelt metaphorisch ein groβes Zitat, aus dem unaufhörlich zitiert wird.

Die Überschrift „Der Fürst“ selbst erinnert uns unweigerlich an jene fürstliche Welt der Habsburger, aus der eben auch zitiert wird. Der geerbte Groβgrundbesitz des Fürsten (Hochgobernitz) wird von ihm nur noch als Last empfunden. Als Sinnbild für den eigenen *Ursprung* ist die Auseinandersetzung mit Hochgobernitz als Erbe nichts anderes als Auseinandernehmen der eigenen Herkunft bzw. des eigenen „Vaterland[es]“ (idH, 7).[117] Als Totalität wird Hochgobernitz in den sprachlichen und gedanklichen Einkreisungen des Fürsten zu einem „einzigen Gedanken“ (V, 117) gemacht, zu einem solchen, der in seinen sprachlichen Variationen nur Wiederholung von Wiederholungen darstellt. Die Befreiungsversuche des Fürsten von diesem Erbe („„Hochgobernitz ist der Beweis dafür, daβ ein Gebäude Menschen vernichten kann, die diesem Gebäude völlig ausgeliefert sind'“ [V, 181]; „„Ich habe Hochgobernitz immer als einen für mich tödlichen Kerker empfunden'“ [V, 161]; „„Hochgobernitz endete für beinahe alle Saurau mit

---

[117] In seinem 1959 verfassten und erst 1989 veröffentlichten Prosastück *In der Höhe* schreibt Bernhard: „Vaterland, *Unsinn*,

Traditionen gebrauchen fortwährend dieselben Wörter, Redewendungen, Auftrumpfen: Entwicklung Ihrer Familie, Ihrer Person, *Volksgenossen*: Volksstaat, Volksgrammatik, Volksgesundheit, Volksventil, Volksparadies, Volkshymne, Volksverrat, Volksfest usf., [...]“ (idH, 7).

Selbstmord'" [V, 153] sagt der Fürst) vollziehen sich entweder im Sprechen mit sich selbst oder in seiner Traumerfahrung.[118] Seine sprachlichen Ausdrücke stehen in Bezug auf einen bestimmten Sachverhalt immer in einer Wiederholungsrelation. Sein Sprechen und dessen Fixierung durch Schriftzeichen als wiedergegebene Rede präsentieren sich nur noch als ein groβes Zitat, das den Inhalt des zweiten Teils des Romans bildet.

An Beispielen wie den folgenden dreht sich das Sprechen des Fürsten um eine einzige Vorstellung:

(1) „„Das Zitieren geht mir auf die Nerven. Aber wir sind eingeschlossen in eine fortwährend alles zitierende Welt, in ein fortwährendes Zitieren, das die Welt *ist*'" (V, 140).

(2) „„In Wirklichkeit gehen wir, wenn wir konsequent gehen, und am aufmerksamsten in den Büchern, immer durch Landschaften, die wir längst kennen. Wir kommen auf nichts Neues. Wie wir in den Wissenschaften auf nichts Neues kommen. Alles ist vor*geschrieben*'" (V, 150).[119]

(3) „„Wir sprechen immer so, als hätten wir längst alles besprochen. Und tatsächlich Doktor, ist alles *gesagt*. Der Mensch aber spricht immer weiter, redet immer weiter und weiter von seinem Ekel, wenn er von seinem Schicksal spricht'" (V, 164).[120]

Im Moment der Reflexion über das eigene Sprechen und Denken wird der Zitatcharakter der Sprache im Laufe einer rotierenden, bruchstückhaften Denk- und Sprechbewegung zerlegt. Wird die Welt im ersten Zitat als Zitatengefängnis dargestellt, so wird sie im zweiten näher spezifiziert. Die Bücherwelt, als Deutung einer gewissen Geisteswelt, wird verglichen mit „Landschaften", die einem schon bekannt sind. Das Schreiben zeigt sich im Begriff des *Vor*geschriebenen als Einkreisungen des immer Gleichen. In dem direkten Bezug jener Geistigkeit zum Begriff des Ursprungs, als „„Landschaften, die wir längst kennen'", entpuppt sich das Schreiben unweigerlich als wiederholte Auseinandersetzung mit der eigenen Herkunft: „[...] zeitlebens ist es dasselbe Land, in das man zurückkehrt, jeder hat sein Land, jeder hat seinen Schmerz: seine Vorstellung von der Hölle[...]" (idH, 59). Das die Tradition – als Erbe – reproduzierende Denken ist völlig

---

[118] Vgl. die Traumvision des Fürsten von seinem Sohn, der als Erbe den Besitz des Vaters vernichtet. (V, 118 – 131).
[119] Hervorhebungen im Originaltext.
[120] Hervorhebung im Originaltext.

von ihrer Sprache beherrscht. Die Tradition, als Gesamtheit überlieferter Kultur, wird nur noch zum „lebenslänglichen Kerker“ (W, 23), zu einer Zitatenwelt, die die Sprache aushöhlt.[121]

In jener Ambivalenz von Bestehendem als schon erfrorener Geistigkeit („„Lauter zu Tode gedruckte Gehirne’“ [V, 150], sagt der Fürst) und der Notwendigkeit des Sprechens, das sich schon als Wiederholung des Gesagten enthüllt, optiert der Fürst für ein Sprechen, dessen Mittelpunkt das Bestehende ist. Das Sprechen wird zu einem notwendigen Durchlaufen eines Weges, eines geschlossenen Kreises, das auf keine Herstellung von Mitteilungen abzielt, sondern auf die ständige Zerstörung des Ursprungs, in der Hoffnung, sich von ihm zu befreien. Das Sprechen gegen das zum Schweigen verurteilte Denken, das, als schriftlich fixiertes Erbe, dem Ich keine Kommunikation ermöglicht und nur als „Lüge“ (Am, 219) erscheint, erhält die Weihe eines Sogenannten. Die Aussage: „Alles, was gesagt wird, ist zitiert“ (G, 22) spielt unmittelbar in ihrem programmatischen Ansatz auf jenes Moment der Gleichsetzung von Sprechen und Schweigen an.

Dem Sprechenden geht es nun nur darum, das Zitierte immer wieder neu zu formulieren, anders zu sagen.

Den Äußerungen des Fürsten („„[...] alles, was ich sage, ist nur in Anführungszeichen gesagt!’“ [V, 147]) entspricht ihre formale Darstellung als wiedergegebene Rede bzw. als ein langes Zitat.

---

[121] Vgl. diesbezüglich was Atzbacher an den Berichterstatter in *Alte Meister* schreibt: «Keiner von diesen heutigen österreichischen Schriftstellern kann schreiben, alle lügen sich eine widerwärtig-sentimentale Epigonenliteratur in die Tasche, sagte Reger, sie schreiben, gleich wo sie schreiben, nur Mist, sie schreiben steiermärkischen und salzburgischen und kärtnerischen und burgenländischen und nierderösterreichischen und tirolischen und vorarlbergischen Mist und schaufeln diesen Mist schamlos und ruhmsüchtig zwischen die Buchdeckel, so Reger» (Am, 219 f.). Durch die metaphorische Verwendung von « Mist » und « schaufeln » drückt sich hier der unmittelbare Bezug des Schreibens, als geistiges Produkt, zur Erde bzw. zum eigenen Ursprung aus. Vgl. Thabet, (zit. Anm. 79), S. 265.

„*Was hat der Fürst gesagt*“(V, 189), fragt sich der Berichterstatter in *Verstörung*. In *Frost* sagt der Famulant:

> „Was ist das für eine Sprache, die Sprache Strauchs? Was fange ich mit seinen Gedankenfetzen an? Was mir zuerst zerrissen, zusammenhanglos schien, hat seine ‚wirklich ungeheuren Zusammenhänge' [...] *Wie* aufschreiben? *Was* für Notizen? Bis wohin denn Schematisches, systematisch? Diese Ausbrüche kommen auf mich herunter wie Felsstürze“ (F, 137).[122]

Der Berichterstatter in *Verstörung* gibt die Rede des Fürsten direkt bzw. indirekt wieder und verwendet dabei Ausdrücke wie „der Fürst sagte“ (V, 112), „sagte er“ (V, 84), die wahrscheinlich den Hang zur Objektivität implizieren[123] und gleichzeitig, wegen ihrer steten Wiederkehr im ganzen Bericht, als Orientierungshilfe für den Erzähler bzw. Leser dienen, der im Banne des unaufhörlichen Redens der beobachteten Figur steht und Gefahr läuft, sich in ihrer Welt zu verlieren. Durch den Grad der Häufigkeit solcher Ausdrücke verwandelt sich der Bericht in einen Annäherungsversuch an die Äußerungen und Reflexionen dieser Figur. Diese bruchstückhafte, in Bernhards Texten bevorzugte Erzählform weist zweierlei auf: Formal bestätigt sich darin die immer wiederkehrende Behauptung des monologisierenden Fürsten, dass alles, was er sagt, zitiert ist. Inhaltlich zeigt sich ihre Zusammenhanglosigkeit, die das kontinuierliche Erzählen einer „Geschichte“ als Ganzen unmöglich macht. Diese erzählerische Diskontinuität präsentiert sich besonders in der häufigen Verwendung des Auslassungszeichens (V, 94, 95, 96, 99, 123, 125, 128 usw.) und der Abkürzung „usf.“ (und so fort) (V, 96, 139, 148, 158 usw.), die einen Einschnitt, einen Schweigeraum markieren und den Fragmentcharakter der Rede (Das Ende von *Verstörung* ist auch fragmentarisch) unterstreichen. Der Kunstmaler Strauch in *Frost* sagt: „Die Fähigkeit zur Wahrheit ist ja so schwierig [...] es bleibt alles bei Bruchstücken, Andeutungen, das ganze Denken besteht aus einer einzigen unerfahrenen Klarheit...für nichts'“ (F, 179).

---

[122] Hervorhebungen im Originaltext.

[123] Vgl. diesbezüglich den Beitrag von Sahbi Thabet: Mittagstischphilosophie – Zur Darstellung des Raumes in Thomas Bernhards *Die Billigesser*, in: Études Germaniques, Octobre – Décembre 2000, S. 781– 801.

Im Zitatcharakter der Sprache Bernhards, d.h. in der formalen Erzähltechnik und inhaltlich dargestellten Problematik, kristallisiert sich ein Moment des Schweigens heraus, das durch das Sprechen nicht zu überbrücken ist. Jede definitive Aussage des Erzählten, als etwas Verbindliches, Endgültiges und Zusammenhängendes, wird durch das Erzählen aus zweiter, dritter Hand unmöglich gemacht. Erzählen, im Sinne einer Erkenntnismitteilung und Durchführung eines fertigen Weltbildes, geht durch die Instanz des Erzählers als Vermittlers des Gesagten verloren. Es tendiert somit zum nichts sagenden Sprechen, mündet in eine offenkundige Leere des Schweigens, das zur eigentlichen Absicht des Erzählens wird.

4. SCHLUSSBETRACHTUNG

Das im Rahmen dieser Studie behandelte Motiv des Schweigens in Bernhards Roman *Verstörung* wurde unter drei Aspekten untersucht. Zunächst taucht es in seiner Verbindung mit dem Komplex der Familienverhältnisse als Ausdruck einer paradigmatischen Mitteilungslosigkeit bzw. Beziehungslosigkeit auf. Darin präsentiert sich jegliche Vorstellung von Gemeinschaft als eine vernichtete: Entweder als ein nicht mehr vorhandenes Familienleben, das den Berichterstatter dazu veranlasst, seinem Vater einen Brief zu schreiben, um auf mögliche Ursachen der innerhalb der Familie herrschenden Mitteilungslosigkeit zu kommen, oder nur noch als Schein existierendes Zusammensein, das der Fürst Saurau in seinem Selbstgespräch auseinander nimmt und beurteilt.
Zweitens wurde das Schweigen in seinem Verhältnis zum Motivkomplex Schreiben – Sprechen – Denken behandelt. Einerseits kommen die Versuche des Industriellen, seine Gedanken sprachlich zu fixieren, aus dem engen Kreis von Schreiben und Vernichten des Geschriebenen nicht heraus. Anderseits bekennt sich der Fürst Saurau beim Monologisieren zu den Regeln der Vernichtung und drückt in seinem unzusammenhängenden und bruchstückhaften Sprechen den Zerfall eines Mitteilungsaktes bzw. Weltbildes aus. In seiner vernichteten Sprache manifestiert sich sein vernichtetes Denken. Saurau spielt in seiner monologischen Grundhaltung auf den Verlust eines Gegenübers, das die Kommunikation und die Verständigung gewährleisten soll, an. Seine Sprache ist die des Schweigens: Kälte, Verständnislosigkeit, Kommunikationslosigkeit, Omnipräsenz des Todes, geistige Heimatlosigkeit, Leiden an der Welt und an der Natur, Selbstmord, Theaterexistenz sind die Themen seiner Selbstgespräche.
Drittens wurde in der Rekurrenz auf den Begriff der Tradition die für den Geist zum Gefängnis gewordene Sprache und ihre dauernde Vernichtung erforscht. Nur in der steten Zerstörung des Herkömmlichen und Althergebrachten empfindet sich Saurau als Denkender. Sein auf die Zerstörung von Totalitäten zielendes Sprechen bezweckt letztendlich, den Ursprung aufzulösen und zu überwinden. Doch hört der Begriff des Ursprungs nie auf, ein für das eigene Denken noch unbegreiflich gebliebener Gedanke zu sein. Das Sprechen erhält Zitatcharakter und präsentiert sich nur noch als Wiederholung von Wiederholungen.

In der Problematik der Unvereinbarkeit von Denken und Sprechen bzw. Schreiben wird die Sprache als Medium und ihr Verhältnis zum eigenen Denken ständig in Frage gestellt. Im Sprechen wird ein Gedanke aufgegriffen, paraphrasiert und in seine Einzelteile zerlegt, um letztendlich in sein Gegenteil zu ‚kippen' oder fragmentarisch zu bleiben. Das Sprechen erschöpft sich somit in der Beschreibung und Umschreibung des Zerfalls. Diese im Einzelwerk dargestellte Problematik ist auch auf das dichterische Schaffen Bernhards zu übertagen. Sein ganzes Oeuvre entpuppt sich als „ein einziger Gedanke" (V, 117), der sich nicht endgültig ausdrücken lässt. Seine völlige Konzentration auf Themen, die sich in seinen Werken ständig wiederholen, zeugt von einer tiefen Unzufriedenheit mit der Vermittlung von sprachlich kaum zu vermittelnden Gedanken.
Das monologische, bruchstückhafte und unzusammenhängende Sprechen der meisten Hauptfiguren seiner Prosawerke vernichtet die angebliche Bedeutung der Sprache, nämlich Stiftung von Sinn und Kommunikation, und lässt keine Geschichte mit einem Anfang und Ende entstehen. Dieses Schreibverfahren spiegelt die moderne Sprach- und Kunstauffassung Bernhards wider, die sich von den klassischen Mustern befreit und ihre eigenen Gesetze entwirft.

Das Sprechen des Fürsten mit sich selbst hängt nicht von einem Zuhörer ab. In seinem partnerlosen Sprechen drückt sich eine menschliche Grundhaltung aus, die monologisch ist. Hört die Kommunikation mit der Außenwelt auf, so setzt die Verständigung mit der eigenen Person ein. Dem Sprechenden dient das Selbstgespräch als letztmögliche Ausdrucksmöglichkeit eines mitten einer todgeweihten Welt existierenden Menschen. Es fungiert als Notlösung vor dem endgültigen Schweigen, vor dem Tod.
Das Schweigen, in dem diese monologisierende Figur existiert und das sie gleichzeitig durch einen besonderen Sprechakt zu überwinden versucht, dominiert letztendlich ihr Denken und ihr Sprechen. Das Sprechen wird zur Form, zu einer unaufhörlich rekurrierenden Vergeblichkeit.
Das Schweigen zeigt sich in *Verstörung* als ein interpretationsbedürftiges Motiv. Es ist das Signal einer Krisensituation und einer unaussprechlichen Innerlichkeit, wie auch das Gradmesser eines zerstörten Denkens und einer vernichteten Sprache.

Von großer Bedeutung bleiben doch noch andere Aspekte und Motive, wie zum Beispiel die Raumdarstellung, der Naturbegriff und die Theaterexistenz, die ebenfalls auch dazu beitragen, das Schweigemotiv in *Verstörung* näher zu erforschen und zu beleuchten.

LITERATURVERZEICHNIS

A – Thomas Bernhards dichterische Texte:

Alte Meister, F.a.M. 1988, (st.1533).

Auslöschung, F.a.M. 1986.

Beton, F.a.M. 1988, (st. 1488).

Das Kalkwerk, F.a.M. 1970, (st. 128).

Die Billigesser, F.a.M. 1980, (es.1006).

Die Macht der Gewohnheit, in :Die Salzburger Stücke, F.a.M. 1975, (st. 257).

Frost, F.a.M. 1972, (st.47).

Gehen, in: Die Erzählungen, F.a.M 1979.

Holzfällen. Eine Erregung, F.a.M. 1988, (st.1523).

In der Höhe.Rettungsversuch, Unsinn, F.a.M. 1989, (BS 1058).

Ja, in: Die Erzählungen, F.a.M. 1979.

Korrektur, F.a.M. 1975.

Prosa, F.a.M. 1967, (es. 213).

Verstörung , F.a.M. 1985, (BS 229).

Watten. Ein Nachlaβ, F.a.M. 1970, (es. 401).

Wittgensteins Neffe, F.a.M. 1982, (st. 1465).

B – Sekundärliteratur

Adorno, Th. W.: Ästhetische Theorie, F.a.M. 1972.

Adorno, G. Scholem/ Th. W. (Hrsg.): Walter Benjamin, Briefe, Bd. 1, F.a.M. 1966.

Aster, Ernst von: Geschichte der Philosophie, Stuttgart 1980.

Arnold, Heinz Ludwig: Text + Kritik, Thomas Bernhard, Heft 43, München 1974.

Ders.: Text + Kritik, Thomas Bernhard, 2. Aufl., München 1982.

Barthofer, A.: Wittgenstein mit Maske. Dichtung und Wahrheit in Thomas Bernhards Roman „*Korrektur*“. In: Österreich in Geschichte und Literatur, 23. Jg., 1979.

Buchka, Peter: Die Schreibweise des Schweigens. Ein Struktur-vergleich romantischer und zeitgenössischer deutschsprachiger Literatur, München 1974.

Bernhard, Thomas: Drei Tage, in: Der Italiener, F.a.M. 1989 (S. 78 – 92).

Betten, Anne: Sprachrealismus im deutschen Drama der siebziger Jahre, Heidelberg 1991.

Buβmann, Hadumod: Lexikon der Sprachwissenschaft, Stuttgart 1983.

Charbonnel, J. –Roger (Hrsg.) : Pascal, Pensées et Opuscules, Paris VI 1934.

Die Zeit: Nr3/2000. Internetadresse: www.archiv.ZEIT.de/ daten/ pages/200003.walser-selbstg.html.

Dieter Heinrich: Fichtes ursprüngliche Einsicht, Wissenschaft und Gegenwart, Heft 34, F.a.M. 1967.

Eschenbach, Walter: Überwindung der Sprachkrise. Internettext unter der Adresse: www.mauthner-gesellschaft.de

Foucault, Michel: Schriften zur Literatur, München 1974.

Frisch, Max: Stiller, F.a.M. 1973.

Gamper, Herbert: Thomas Bernhard, München 1977.

Geiger, Hannsludwig (Hrsg.): Friedrich Hebbel. Werke, Wiesbaden.

Heidegger, Martin: Sein und Zeit, Tübingen 2001.

Hensel, G.: „Minetti“ – Kritik. In: FAZ, 3.9.1976.

Hofmann, Kurt: Aus Gesprächen mit Thomas Bernhard, München 1991.

Haslinger, Adolf: Verfahrensweisen und Techniken im Erzählen, in: Weiss, Walter: Gegenwartsliteratur, Zugänge zu ihrem Verständnis, Stuttgart 1977, (S. 64 – 77).

Jahraus, Oliver: Die Wiederholung als werkkonstitutives Prinzip im Œuvre Thomas Bernhards, F.a.M. 1991.

Jooβ, Erich: Aspekte der Beziehungslosigkeit. Zum Werk Thomas Bernhards. Drei Studien zum Monolog des Fürsten in Thomas Bernhards Roman „Verstörung“, Selb 1976.

Jünger, Friedrich Georg: Sprache und Wirklichkeit, Essays, München 1967.

Lorenz, Otto: Schweigen in der Dichtung: Hölderlin – Rilke – Celan: Studien zur Poetik deikt.-ellipt. Schreibweisen, Göttingen 1989.

Lüth, Erich (Hrsg.): Neues Hamburg. Zeugnisse vom Wiederaufbau der Hansestadt. Publikum und Dichter, Hamburg 1950.

Lämmert, Eberhard: Bauformen des Erzählens, Stuttgart 1983.

Meister, Christoph: Ein Roman und sein Schauplatz. Die Logik des erzählten Raums bei Thomas Bernhard, F.a.M. 1989.

Neumann, Gerhard: Hofmannsthals poetologische Konzepte 1902 und 1907 aus der Sicht der Postmoderne (Boto Strauβ: „Beginnlosigkeit“) Jacques Lajarrige: Modernite de Hofmannsthal, Austriaca n° 37,Dezember 1993.

Nibbrig, Christian L. Hart: Rhetorik des Schweigens. Versuch über den Schatten literarischer Rede, F.a.M. 1981.

Pfabigan, Alfred: Thomas Bernhard – Ein „Geschichtenzerstörer“ als Dramatiker. In: Austriaca n° 53, 2002, (S. 17 – 32).

Pascal, Blaise: Pensées, Le Livre de Poche n° 823, Paris VI 1972.

Robbe-Grillet, Alain: Pour un nouveau roman, 1956.

Schlechta, Karl (Hrsg.): Friedrich Nietzsche: Werke, Bd.2, München 1954.

Schmid, Christof: Monologische Kunst. Untersuchungen zum Werk von Hans Erich Nossack, Stuttgart 1968.

Sembdner, Helmut (Hrsg.) : Heinrich von Kleist. Sämtliche Werke und Briefe, -Bd.2, Darmstadt 1962.

Steinert, Hajo: Das Schreiben über den Tod. Von Thomas Bernhards *„Verstörung“*. Zur Erzählprosa der siebziger Jahre, F.a.M. 1984.

Sorg, Bernhard: Thomas Bernhard, München 1977.

Steiner, Georg: Sprache und Schweigen, F.a.M. 1973.

Thabet, Sahbi: Wider den Zusammenhang. Zur Beschreibung des Zerfalls bei Thomas Bernhard. In: Text und Kontext, München 1994, (S. 112 – 124).

Ders.: Choreographie des Alleinseins. Zur Poetik des Raumes in Thomas Bernhards erzählender Prosa. In: Wirkendes Wort 2, Trier 2001, (S. 259 – 274).

Ders.: „Die Kurve eines überstandenen Fiebers“ – Zur Problematik des Schreibens bei Hans Erich Nossack. In: Cahiers d'Etudes Germaniques, 2000/1 – n° 38, (S. 157 – 168).

Ders.: Die Paraphrase der Totalität. Zum Verhältnis von Denken und Sprechen in Thomas Bernhards *In der Höhe*. In: Wirkendes Wort. Deutsche Sprache und Literatur in Forschung und Lehre, WW 2/94, (S. 296 – 315).

Ders.: Mittagstischphilosophie – Zur Darstellung des Raumes in Thomas Bernhards *Die Billigesser*, in: Études Germaniques, Octobre- Décembre 2000, (S. 781 – 801).

Ders.: „Meine Grundstücke sind meine Themen“ – Zur Darstellung des Raumes in Thomas Bernhards *Attaché an der französischen Botschaft.* In: Sprachkunst. Beiträge zur Literaturwissenschaft, Jahrgang XXXI/ 2000,1. Halbband, Wien 2000, (S. 17 – 36).

Trunz, Erich (Hrsg.): Goethes Werk, Bd.8, Hamburg 1961.

Tunner, Erika: Absolutheitsstreben und Vernichtungsdrang oder die Kunst des Scheiterns. In: Revue d'Allemagne. 8.1976. (S. 584 – 600).

Wahrig, Gerhard: Deutsches Wörterbuch, München 1992.

Wilpert, Gero von: Sachwörterbuch der Literatur, Stuttgart 1989.

Wittgenstein, Ludwig: Tractatus logico- philosophicus, F.a.M. 1984.

Žmegač, Victor (Hrsg.): Geschichte der deutschen Literatur vom 18. Jahrhundert bis zur Gegenwart, B. III/2, Königstein 1984.